উল্টোপাল্টা

অনুপম তরফদার

SBABAK PROKASHNI

সমস্ত রকম এডিটিং পি,ডি,এফ পেজ ও ফাইল মেকার -

স্ব- বাক প্রকাশনী

Email ID:- sbabakprokashani@yahoo.com

Phone Number:- 9143098660

উৎসর্গ :- স্বর্গীয়া ভগিনী
৺অনিন্দিতা তরফদার মন্ডল।

কৃতজ্ঞতা স্বীকার:-

১) শ্রীমতী মধুছন্দা তরফদার, বালুরঘাট, দক্ষিণ দিনাজপুর।
২) শ্রীমতী ঋত্বিজা মন্ডল, বালুরঘাট, দক্ষিণ দিনাজপুর।
৩) শ্রী গোপাল পাত্র, ভগবতীপুর, সাঁকরাইল, হাওড়া।

ভূমিকা: -

কবিতা পড়ার প্রতি আমার কোনোদিনই তেমন আকর্ষণ ছিল না। কবিতা পড়ার প্রতি যেমন কোনোদিন আকৃষ্ট হই নি তেমনই কবিতা কোনোদিন লিখবো বা লিখতে পারবো বলেও কোনোদিন ভাবি নি। প্রকৃতপক্ষে আমি এই জগতের লোকই ছিলাম না। মাঝে বহুচর্চিত কোনো একজনের লেখা কবিতা বা ছড়া যেগুলো বিভিন্ন শ্রেণীর পাঠ্য বইয়ে স্থান পাচ্ছিল সেগুলো পড়ে মনে হয়েছিল যে আমি কোনোদিন না লিখে থাকা সত্ত্বেও ওগুলোর থেকে ভালো লিখতে পারবো। সেই জেদ নিয়েই ২০১৯ সালে লিখতে শুরু করি এবং একটা দুটো করে লিখতে লিখতে বিভিন্ন বিষয়ে লেখার চেষ্টা করি। যা লিখেছি সেগুলো কবিতা/ছড়া/পদ্য যাই হোক সেগুলোকে ফেসবুকে পোস্ট করতাম। সেগুলোকে কেন্দ্র করে অনেকের অনেক মতামত বিশেষ করে যাঁরা কবিতা লেখেন সেইরকম বেশ কয়েকজনের উৎসাহব্যঞ্জক মন্তব্য আমাকে উদ্বুদ্ধ করে এবং আমি লেখা চালিয়ে যাই। এইভাবে লেখা কিছু ছড়া/পদ্য/কবিতার সংকলন নিয়ে প্রকাশিত আমার এই তৃতীয় কাব্যগ্রন্থ।

সংক্ষিপ্ত জীবনী : -

১৯৬৫ সালের ২৮শে নভেম্বর আমার জন্ম বালুরঘাট হাসপাতালে। বালুরঘাট উচ্চ বিদ্যালয়ের প্রাথমিক বিভাগে ১৯৭২ সালে প্রথম শ্রেণীতে ভর্তি হয়ে ছাত্রজীবনের শুরু। ষষ্ঠ শ্রেণী পর্যন্ত বালুরঘাট উচ্চ বিদ্যালয়ে পঠন শেষে ১৯৭৮ সালে রামকৃষ্ণ মিশন আবাসিক বিদ্যালয় নরেন্দ্রপুরে সপ্তম শ্রেণীতে ভর্তি হয়ে ১৯৮২ সালে মাধ্যমিক পাশ করে ওই বছরই বালুরঘাট মহাবিদ্যালয়ে একাদশ শ্রেণীতে ভর্তি হয়ে ১৯৮৪ সালে উচ্চ মাধ্যমিক এবং ১৯৮৬ সালে স্নাতক হই। ১৯৮৬ সালের সেপ্টেম্বর মাসে ভারতীয় স্টেট ব্যাঙ্কে করণিক পদে যোগদান করি এবং এখনও চাকুরীরত। ছাত্রজীবনে প্রচুর গল্পের বই পড়েছি। গল্পের বই পড়াটা নেশা ছিল এমনকি লুকিয়ে পড়ার বইয়ের মধ্যে নিয়েও গল্পের বই পড়তাম। দেশীয় লেখকদের মধ্যে সত্যজিৎ রায়, নারায়ণ সান্যাল, তারাপদ রায়, নিমাই ভট্টাচার্য, শঙ্কু মহারাজ, ডাক্তার নীহাররঞ্জন গুপ্ত,শঙ্কর প্রমুখদের লেখা খুব আকৃষ্ট করতো। প্রচুর বিদেশী লেখকের লেখা বাংলায় অনুবাদ করা বই পড়েছি এবং পড়তে খুব ভালোবাসতাম। এনাদের মধ্যে জেমস্ হেডলি চেজ, আগাথা ক্রিষ্টি, আর্থার কোনান ডয়েল, আর্থার হেলি, উইলিয়াম শেক্সপিয়ার প্রমুখদের লেখা খুব আকৃষ্ট করতো। গোয়েন্দা গল্প এবং থ্রিলার খুব পছন্দ ছিল। ছোটোবেলায় আনন্দমেলা, শুকতারা, স্বপন কুমার প্রচুর পড়েছি। তবে আমি সাহিত্য রসিক বা সাহিত্যানুরাগী সেভাবে কোনোদিনই ছিলাম না। কবিতার বই পড়ার শখ কোনোদিন ছিল না। কোনোদিন কবিতা লিখবো বলে ভাবিও নি। কোনো একজনের লেখা কবিতা এবং ছড়া পাঠ্যপুস্তকে স্থান পাওয়ায় সেইগুলা পড়ে নিজের মনে হয়েছিল যে ওগুলোর থেকে ভালো আমি লিখতে পারবো। সেই জেদ নিয়েই ২০১৯ সালে প্রথম লেখা শুরু করে দু চারটে লিখি আর তারপর থেকেই বিভিন্ন বিষয়ে লেখার ইচ্ছে জাগে এবং লিখতে থাকি।

উল্টাপাল্টা

ছাত্রজীবনে সিনেমা দেখা বিরাট নেশা ছিল এবং কলেজ জীবনে ক্লাস ফাঁকি দিয়েও প্রচুর সিনেমা দেখেছি। মাঝে কিছুদিন ফুলের বাগান করার নেশা হয়েছিল এবং সেটা প্রচন্ড শখের একটি বিষয় হয়ে উঠেছিল। শারীরিক অসুবিধের জন্য এখন আর পেরে উঠি না।

সূচিপত্র

উল্টোপাল্টা

ছোটো থেকেই সাধ ছিল মনে
বড় হলে হব ইঞ্জিনিয়ার,
তবে পড়তে বসে বই খুললেই
গায়ে জ্বর আসতো আমার।

ইঞ্জিনিয়ার হতে গেলে
চাই যে পরিমাণ একাগ্রতা,
আমার মধ্যে কোনোদিন ও
ছিল না তার ছিটেফোঁটা।

বন্ধু বান্ধবরা কলেজে আমার
মুখ টিপে হাসতো আড়ালে,
বলে ক্লাসে আসে না ইঞ্জিনিয়ার বাবু
কেরানীর চাকরী ও জুটবে না কপালে।

ইঞ্জিনিয়ার হওয়া উঠলো শিকেয়
শেষে হলাম আমি কেরাণী ই ,
অধঃপতন যা হয়েছিল তখন
কেরাণী হয়েই ধন্য আমি।

হঠাৎ করে শখ গজালো
লেখক হব আমি এবার,
খাতা কলম নিয়ে লিখতে বসে
কলমের নিব ভাঙ্গে বারবার।

ব্যাট প্যাড নিয়ে ক্রিকেটার হতে
নেমে পড়লাম একবার মাঠে,
বলের ঘায়ে শেষে আমার
মাথা, কপাল রোজ ই ফাটে।

মাথায় চাপলো নতুন খেয়াল
হবই আমি ফুটবলার,
কোচ সাহেব মাঠে ছোটালেন যা
সে শখ উড়ে গেল আমার।

নতুন শখ গজালো এবার
লিখবো আমি কবিতা,
যা লিখলাম সব হলো আমার
জীবনের মতোই উল্টোপাল্টা।

কৃষ্ণচূড়া

মনটা যখনই উদাস হয়
ছুটি কৃষ্ণচূড়া গাছটার তলে,
তোমার শরীরের সুবাস পাই
গাছটার প্রতিটা পাতায় ডালে।

করেছি ওকে ভূমিষ্ঠিত
তুমি আমি দুজনে মিলে,
তোমার আমার পরিচর্যায়
বেড়েছে ও আপন তালে।

ঝড় জল বৃষ্টি যাই আসুক না
রেখেছি আমরা ওকে আগলে,
হাতে হাত রেখে দুজনে আমরা
মেনেছি যে আমাদের সন্তান ওকে।

তুমি দিতে রোজ ওর গোড়ায় জল

দিতে ওকে যতো সুষম খাদ্য,
তোমার এই মায়া মমতাই
ওর কাছে ছিলো মাতৃদুগ্ধ।

শৈশব থেকে ও কৈশোরে যখন
আমাদের ছেড়ে গেছ তুমি চলে,
শোকে মুহ্যমান হয়েও আমি
আসি নি আমাদের সন্তান কে একলা ফেলে।

কৈশোর থেকে আজ যুবক ও
ফুলের প্রশংসায় সব পঞ্চমুখ,
বিশাল এলাকা জুড়ে ওর ছায়ায়
বসার জন্য সবাই উন্মুখ।

সাঁঝের বেলায় হাজার পাখি
নেয় আশ্রয় আমাদের প্রিয়র বুকে,
কলতানে করে মুখরিত সবে
রাতে নিদ্রা যায় পরম সুখে।

সবাই বসে, দেখে চলে যায়
পারে না পড়তে ওর হৃদয়টাকে,
আমি ঠিক বুঝি তোমার অভাবে
ওর হৃদয়টা ফাটে কান্নাতে।

রাতটা কাটবে কবিতার সাথে

নদীর ধারে বাঁধে,
মূহূর্ত গুলোকে ফেলছি ছুঁড়ে
পুরে ফাঁকা হুইস্কির বোতোল টাতে।

পাঁচ, দশ, পনেরো, কুড়ি
মিনিটগুলি নিচ্ছে বিদায় একে একে,
বাঁধের ওপর তোমার অপেক্ষায়
আমাকে একলা রেখে।

সাথী হিসেবে এনেছি টেনে
ধূলো জমা কবিতা গুলোকে,
আর মাঝে মাঝে দিচ্ছি চুমুক
হুইস্কি ভরা গেলাস টাতে।

এতোক্ষণ তো ছিলাম বেশ
গায়ে জ্যোৎস্না মেখে,
কোথা থেকে এলো কালো মেঘ
দিল জ্যোৎস্নাকে ঢেকে।

বুঝেছি আমি আজ আর
আসবে না তুমি এতো রাতে,
আজ রাতে কবিতা গুলোই
থাকবে আমার সাথে।

প্রিয়তমা কি লিখি তোমায়

প্রিয়তমা কি লিখি তোমায় –
আমি তো পারি না তেমনভাবে
কিছু লিখতে–
পারি না আমার লেখায় কারও ব্যথা বেদনাকে
ফুটিয়ে তুলতে,
পারি না আমার লেখায় না পাওয়ার গল্পকে
তুলে ধরতে,
পারি না মাথা উঁচু করে থাকা পাহাড়ের মনের
ব্যথাকে ফোটাতে,
পারি না কখনও নদীর জলের উচ্ছলতাকে নিয়ে
প্রবন্ধ লিখতে,
পারি না আগুনের অট্টহাসিকে নিয়ে
রচনা লিখতে,
আমি পারি না লেখায় সূর্যের অহঙ্কার কে
তুলে ধরতে,
পারি না চাঁদের হীনমন্যতাকে নিয়ে
কাব্য লিখতে,
আমি পারি না সমুদ্রের ঢেউ এর আগ্রাসী মনোভাবের
ছবি আঁকতে।

আমি পারি না–
আমি পারি না আকাশের শূন্যতা কে নিয়ে
ইতিহাস লিখতে,
আমি পারি না বাতাসের সঙ্গীত রচনার
স্বরলিপি লিখতে,
পারি না কখনও আমি ঝড়ের উল্লাসের
চিত্রনাট্য লিখতে,
আমি পারি না কখনও তৃষ্ণার্ত চাতকের যন্ত্রণাকে
তুলে ধরতে,
পারি না বৃদ্ধাশ্রমে বাজতে থাকা করুণ বেহালার
সুরের বর্ণনা দিতে,
পারি না ফুটপাতে বসবাসকারী অভাব অনটনের

রোজ নামচা লিখতে,
পারি না ফুটপাতে খাবার কুড়োনো ন্যাংটো বাচ্চাটার
শৈশব কে নিয়ে কবিতা লিখতে,
পারি না রাজনীতির ব্যবসায় লগ্নী করে ফসল দিয়ে
গুদাম ভরানোর সত্যকথন কইতে।

তবে—
তবে কি লিখবো তোমায়!
প্রিয়তমা -
কিছুই আমার লেখার নাই।

প্রেমপত্র

রোজ বিকেলে দাঁড়িয়ে থাকি
তোর অফিসের উল্টোদিকে গাছটার তলায়,
অফিস থেকে তুই বেরোবি যখন
দু চোখ ভরে দেখবো তোকে সেই আশায়।

নয়ন ভরে দেখি তোকে
যখনই সুযোগ পাই,
তোকে দেখতেই তোদের পাশের বাড়ির
রিন্টুদের ছাদে উঠে যাই।

ব্যালকনিতে এসে দাঁড়াস যখন
সকাল সকাল স্নানটি সেরে,
ওদের ছাদ থেকে তোর রূপকে গিলি
আমি আমার হৃদয় ভরে।

উল্টাপাল্টা

শিল্পীর হাতের তুলির টানে
যেন আঁকা হয়েছে তোর মুখ,
পাতলা পাতলা ঠোঁট দুখানি
শিল্পী যেন এঁকেছে নিখুঁত।

অপূর্ব তোর সোনালী চুল
অপূর্ব কালো হরিণ চোখ,
মনটা আমার চায় ভীষণ
তোর সাথে আমার মিলন হোক।

বলতে সাহস হয় না তোকে
তোর ব্যক্তিত্ব দেখে,
তাইতো আজ মনের কথা
জানালাম তোকে চিঠিতে লিখে।

পছন্দ যদি হয় প্রস্তাব
তাকিয়ে হাসিস একটিবার,
না হলে এই চিঠিটাই
ফেরত পাঠাস আমাকে আবার।

দশটি বছর

দশ দশটি বছর হোলো তুমি নেই,
চলে গেলে আমায় একলা ফেলে,
আমি এখন বাড়ীতে একা, একদমই একা।
কিন্তু জানো? প্রতি মূহুর্তেই আমার মনে হয়
তুমি আমার সাথেই আছো। আমি যেন অনুভব
করতে পারি তোমার অস্তিত্ব। তোমার চুলের গন্ধ
পাই আমি। তোমার শরীরের গন্ধ, তোমার হাভানা
চুরুটের গন্ধ এমনকি তোমার ওই বিচ্ছিরি পারফিউম
টা যেটা একমাত্র তুমিই ব্যবহার করতে তার গন্ধে
পর্যন্ত গোটা বাড়ীটা ম ম করে। আমি বাথরুমে ঢুকলে
মনে হয় বুঝি তুমি স্নান করে বেরোলে। তোমার শ্যাম্পু
আর সাবানের গন্ধে ভরপুর হয়ে থাকে গোটা বাথরুমটা।
জানো? ওই অতসীর মা আবার এগুলো
নাকি কিছুই টের পায় না। বলে এগুলো নাকি সবই
আমার মনের ভুল। কি পাগোল একটা বল!
জানো! আমি কিন্তু এখনও খেতে বসার সময়
খাওয়ার টেবিলে তোমার প্লেট নিই।
 খাবার দিই তাতে।
এখনও কিন্তু শনিবারে তুমি ব্রত রাখতে
তাই ওইদিন নিরামিষ ই রান্না করি।
 তোমার প্লেটে দিই তোমার সব পছন্দের খাবার গুলো।
 আলু করলা পোস্ত দিয়ে চচ্চড়ি, পোস্তর বড়া, মিস্টি কুমড়োর
ফুলের বড়া, কলাইয়ের ডাল, চিলি পণির আর –
আর তোমার খুব খুব পছন্দের দেশী আলুর দম
সাথে মিস্টি ছাড়া পোলাও।
তোমার মনে পড়ে তোমার
জন্য মিস্টি কুমড়োর ফুল আনতে কোথায় কোথায়
যেতাম আমি? উফ্ বাবা!
 ওই ফুলের বড়া চাই কি চাই! জানো!

উল্টোপাল্টা

আমি না এখনও রোজ সন্ধ্যায় স্কচ খাই।
সাথে তোমার জন্যও গ্লাসে পেগ বানাই।
টেবিলে তোমার চুরুটের প্যাকেট, তোমার প্রিয় লাইটার আর
এ্যাসট্রেটা সুন্দর করে সাজিয়ে রাখি।
আমি এখন রোজ একবার করে দেওয়ালে টাঙানো
তোমার আর আমার সিমলায় তোলা ছবিটা মুছি
জানো? তোমাকে দেখতাম তুমি রোজ মুছতে।
তোমার লেখার ঘরে ঢুকে তোমার বসার চেয়ার,
লেখার টেবিল, দেরাজে রাখা তোমার লেখা কবিতার
বইগুলো সবই মুছে পরিষ্কার করি রোজ। দেওয়ালে টাঙানো
তোমার পছন্দের বিশাল পেইন্টিং টা।
 ছাদের ওপরে তোমার শখের বাগানটাকে কিন্তু নষ্ট হতে দিই
নি আমি জানো তো? এখন আমিই ওটার পরিচর্যা করি।
ব্যালকনিতে তোমার লাগানো পাতাবাহার গুলো খুব সুন্দর
হয়েছে জানো?
রাস্তা দিয়ে যেতে যেতে সবাই হাঁ করে তাকিয়ে দেখে। তুমি
দেখতে পেলে কি খুশী হতে গো!
তোমার পুশিটা জানো সারাদিন তোমার লেখার
 ঘরে শুয়ে থাকে।
মাঝে মাঝে আমাদের দুজনের শোবার ঘরে গিয়ে এদিক
ওদিক কি যেন খোঁজে।
তোমাকেই বোধহয় খুঁজে বেড়ায়।
আজকাল আমার হাতে খায়।
 আগে তো তুমি না খাওয়ালে খেতোই না।
আমি মাছ দিয়ে বা মাংস দিয়ে ভাত মেখে দিই।
পুরোটা খেয়ে নেয়।
ও বোধহয় বুঝে গেছে তুমি আর কোনোদিন ই
ওকে খাওয়াতে আসবে না।
আমিই এখন ওর ভরষা।
জানো! আমি না আমাদের শোবার ঘরে আর শুতে
পারি না গো। ঘরটা বিছানাটা যেন আমায় গিলতে আসে। ওই
বিছানায় একলা একলা শুতে পারি না গো আমি পারি না।
তুমি যে আমাকে জড়িয়ে ধরে
এমনভাবে শুতে যেন দুটো শরীর মিলেমিশে একাকার হয়ে
যেত। এখন আমি একলা একলা

ওই বিছানায় ———
পারি না পারি না। আমি যেন তোমায় খুঁজতে থাকি।
কিন্তু খুঁজে পাই না। সোনা, আমি আর পারছি না গো।
আর পারছি না। তোমাকে ছাড়া একা থাকা আমার
গলার ফাঁস হয়ে আসছে গো। আমি আসবো এবার
তোমার কাছে। আসবো আমার আসার সময় হয়ে গেছে। তুমি
কিন্তু অপেক্ষা করবে আমার জন্য।
প্লীজ লক্ষ্মীটি, আবার অন্য কোথাও চলে যেও না কিন্তু
আমার আসার আগে। আসছি আমি আসছি।
আবার—
আবার আমরা মিলিত হব
দশটি বছর পরে– দশ দশটি বছর পরে–

ওহে মেয়ের বাবা

হাঁসখালীর মেয়েটা কেউ হয় না তোমার
তাই তো লাগে না বুকে কোনো ব্যাথা,
তোমার ও তো আছে একটা মেয়ে
ওহে মেয়ের বাবা ভুলে যেও না সেই কথা।

রাজনীতি কোরছো টিপ্পনী কাটছো
সে তো তোমার অধিকার,
তা নিয়ে তো এই ভুবনে
কারোরই কিছু নেই বলবার।

তবে মেয়ের বাবা তোমাকে আমি
প্রশ্ন এটাই শুধাবো বারবার,
ভেবে দেখেছো কি মেয়ের বাবা
কতোটা খালি হয়েছে বুক ওই মেয়েটার বাবার?

উল্টাপাল্টা

পারবে কি দিতে জবাব
যখন প্রশ্ন আসবে তোমার দিকে ধেয়ে,
ওহে মেয়ের বাবা একই প্রশ্ন করে যদি
তোমার দিকে আঙ্গুল তুলে তোমারই আদরের মেয়ে?

কোন আমলে হোলো, কোন আমলে হয়েছিল
সেটাই কি বিরাট বিচার্য?
ওহে মেয়ের বাবা মানবিকতাকে দিও না বিসর্জন
যেই আমলেই হোক, আড়ালের চেষ্টা ক্ষমার অযোগ্য।

রাজনীতিতে কি এতো মধু
যা বিবেচনা, মানবিকতাকে হার মানায়?
চোখ আছে দুটো তবু
এভাবে একচোখা বানিয়ে দেয়?

অপরাধ তো অপরাধ ই
তা সে যেই আমলেই হোক,
আগে যেটাকে বলেছো অপরাধ
এখন বলতে গিলছো ঢোক?

মেয়ের বাবা হয়েও বোঝো না তুমি
আর এক বাবার যন্ত্রণা?
বিবেক তোমার ওঠে না জেগে
মনে এতোই দল ভজনা?

ভালো করে তুমি ভাবো বারবার
শুধু মেয়েটার বাবার বুকে ক্ষত কতো!
ওহে মেয়ের বাবা কেমন লাগতো ভেবো একবার
যদি ওই মেয়েটার জায়গায় তোমার মেয়ে হোতো!

এস মেয়ের বাবা তুমিও কর আমিও করি
এই কামনা এই দোয়া,
কখনো যেন কোনো বাবারই মেয়ের গায়ে
লাগে না এই উন্নয়নের ছোঁয়া।

ঈশ্বর ভজনা

ফেলে আসা সেই সোনালী দিনগুলি
যাবে না পাওয়া আর ফিরে,
যতোই থাক না হত্যে দিয়ে
সারাদিন প'ড়ে ঠাকুরঘরে।

শৈশবের সেই মিষ্টি দিনগুলি
সবাই একবার ফিরে পেতে চায়,
যতোই ডাক না ভগবানকে
পারবে না সেও ফিরিয়ে দিতে তায়।

শিশু থেকে কিশোরে পা
কিশোর থেকে যুবকে,
বুক ফাটলেও পাবে না আর ফিরে
ভক্তিভরে পূজা যতোই কর ভগবানকে।

কে না চায় ফিরে যেতে
একটিবার অন্তত যৌবনে?
চাইলেও তা যাবে না যাওয়া
যতোই রাখো নিজেকে ঈশ্বর ভজনে।

ঈশ্বর ভজনেও সব পায় না যাওয়া
এ প্রমাণিত সত্য হাজার হাজার বার ,
সর্বশক্তিমান বলে ভাবলেও তাকে
নাই তার অলৌকিক শক্তির ভান্ডার।

যাস না কেউ ভুলে

দুদিনের তো অতিথি
কিসের এতো বড়াই করিস?
মারামারি, হানাহানি, খুনোখুনি
ঝগড়া ঝাটি করেই মরিস!

উঠবি তো সেই চিতায়
না হয় শুবি কবরে,
নিয়ে যেতে পারবি কি সাথে
ইচ্ছে মতো দু হাত ভরে?

ভাইয়ে ভাইয়ে হানাহানি
সম্পত্তি নিয়ে খুনোখুনি,
সম্পর্কের আর নেই কোনো দাম
হয় না কিছুতেই বনাবনি।

ক্ষমতার দম্ভে পা পরে না
মাটির 'পরে কিছুতেই,
ওরে ক্ষমতা হয় না চিরস্থায়ী
নামতে হবে একদিন নীচেতেই।

সিন্দুক ভরাস যে কালা ধনে
সহ নাগরিকদের পেট কেটে,
মরবি তবু পারবি না কিছুতেই
সেই ধনকে সাথে নিতে।

রাজা না হয়েও রাজপ্রাসাদে
করিস বসবাস,
সীমাহীন রোজগার করিস তবু
মেটে না তোদের আশ।

মানুষ মরে না খেতে পেয়ে
প্রতিযোগিতায় নামিস তোরা,
গুণে নয়, সম্মানে নয়, শুধু ধনী হিসেবে
খ্যাতি পেতে বিশ্বজোড়া।

দু দিনের তো অতিথি
পারবি এসব নিয়ে যেতে?

ঘুমের ঘোরে

গহন অরণ্য পথে
চলেছি আমি একা,
গা ছমছম করে
যদি বাঘ মামা দেয় দেখা!

ভয়ার্ত মন নিয়ে
এদিক ওদিক তাকাই,
ইস্টদেবকে স্মরণ করি
যেন ডোরাকাটার দেখা না পাই।

হাতে একটা মোটা বাঁশের লাঠি
বাঘ তাড়াবো বলে,
তাই না দেখে গাছের ওপর
হাসছে বাঁদর গুলো খিলখিল করে।

দিন গড়িয়ে বিকেল এলো
বিকেল গড়িয়ে সাঁঝের বেলা,
রাম নাম জপি বিড়বিড় করে
যেন শুনতে না পাই কোনো বাজখাঁই গলা।

হাঁটা ছেড়ে করেছি শুরু
এবার আমি ছুটতে,
জঙ্গলের গাছগুলো যেন
আসছে আমায় গিলতে।

মাথার ওপর দিয়ে পাখীর দল
যাচ্ছে উড়ে ডানা ঝাপটে,
আমি ছুটছি ভয়ে কাঁটা হয়ে
চীৎকার করে রাম নাম জপতে জপতে।

হঠাৎ দেখি কে ধাক্কা মারে
মনে মনে বলি বাবা ভূত নাকি!
তড়াক করে একলাফে উঠে
দেখি আমি বিছানায় পাশে গিন্নী।

আমার লজ্জা করে না

না আমার লজ্জা করে না–
আমার লজ্জা করে না, ঘেন্না করে না,
গা গুলিয়ে ওঠে না, বমন আসে না,
আমার মাথা বনবন করে ঘোরে না,
আমি বাকরুদ্ধ হয়ে যাই না,
আমি স্তম্ভিত হয়ে যাই না,
আমার কোনো প্রতিক্রিয়াই হয় না।

উল্টোপাল্টা

হোক না –
হোক না মা জাতির গণধর্ষণ,
হোক না গণতন্ত্রের বস্ত্রহরণ,
হোক না মানুষের জীবন্ত দহন,
হোক না বেকারের আত্মহনন,
হোক না সভ্যতার বিবস্ত্রকরণ,
হোক না আন্দোলনে পুলিশের লাঠি বর্ষণ,
হোক না ধর্ষিতার প্রতি কটুক্তি,
না থাকুক কোনো খেদোক্তি,
হোক না চাকরী প্রার্থীর প্রতি বক্রোক্তি,
হোক না প্রতিবাদের মেরুকরণ,
হোক না মানুষের জানোয়ারে বিবর্তন,
আমার কিছু যায় আসে না।

আমি আছি বেশ আছি,
আমি কবিতা লিখছি, কাব্য করছি,
প্রেমিকার বাহুবন্ধনে আবদ্ধ হয়ে
রাস্তায় ঘুরছি ফিরছি,
প্রেমিকাকে নিয়ে পার্কে বসে
বাদাম চিবোচ্ছি,
আমি সেমিনারে ভাষণ দিচ্ছি,
অনলাইনে সাহিত্যের মিটিং করছি,
আবৃত্তি করছি, গান গাইছি,
কফি হাউসে বসে ধূমায়িত কফির পেয়ালায়
চুমুক দিয়ে রাশিয়া ইউক্রেন নিয়ে ঝড় তুলছি,
পাড়ায় চা এর ঠেকে বসে
পাকিস্তান শ্রীলঙ্কা নিয়ে ভাষণ দিচ্ছি,
আমি আই পি এল এর উত্তেজনায় মেতে আছি,
কিন্তু আমি এতোটুকুও লজ্জা পাচ্ছি না।

না আমার লজ্জা করে না।

কলিযুগের দুর্যোধন

শাসক হয়েছে আজ
কলিযুগের দুর্যোধন,
ক্ষমতার দম্ভে করে
সাংবাদিকদের বস্ত্রহরণ।

দ্রৌপদীর ছিল শ্রীকৃষ্ণ
লজ্জা নিবারণের ঢাল,
জেলের গরাদে তাকিয়ে দেখ
সাংবাদিকদের হাল।

দ্রৌপদীর আর্ত চীৎকারেও
নিশ্চুপ ছিল রাজদরবার,
আজ দেশের এই বস্ত্রহরণে
ঘুমিয়েই কি থাকবে সরকার?

বিবস্ত্র সাংবাদিকরা আজ
পড়ে আছে জেল হাজতে,
দেশমাতৃকাও আজ হয়েছে বিবস্ত্র
আজকের এই সভ্যতার যুগে।

ভালো দিনের এরকম নমুনারোজ ই আমরা দেখছি প্রায়,
সত্যিকারের ভালো দিন
সে তো সোনার পাথরবাটির ন্যায়।

ভুলে যান সংবিধান, ভুলে যান বাকস্বাধীনতা
ভুলে যান সমস্ত অধিকার,
বাঁচতে যদি চান তবে
মানতে হবে রাজার আচার।

চাই না এই ভালো দিন
যে দিন হয় গলার ফাঁস,
জোট বেঁধে তুলতে হবে
অত্যাচারী দুর্যোধনের নাভিশ্বাস।

উডবার্ন ওয়ার্ড

যদি আসে কোনোভাবে জিজ্ঞাসাবাদের ডাক
বাড়ে তবে হাসপাতালে উডবার্ন ওয়ার্ডে চাপ।
শুরু হয় ছুটোছুটি ডাক্তার আর নার্সদের
করতে হয় ব্যবস্থা মিছিমিছি পর্যবেক্ষণের।
বাইরে বসাতে হয় অতন্দ্র প্রহরা
দেখতে যাতে কেউ না পায় ভেতরের চেহারা।
গণতন্ত্রের চতুর্থ স্তম্ভ হয়ে যায় ব্যস্ত
গল্প লেখার চাপে হয়ে থাকে ত্রস্ত।
শুরু হয় সকাল সন্ধ্যে ভি আই পির আনাগোনা
ছোটে ঘাম সুপারের করতে তাদের ভজনা।
সুপারকে দিতে হয় সকাল সন্ধ্যে বিবৃতি
জানে না সে কতোদিনে ঘটবে এই রুটিনের ইতি।
জনতা দেখতে থাকে টিভির পর্দায়
হাসি ঠাট্টায় মেতে থাকে বাজার ঘাটে আর আড্ডায়।
সঞ্চালক বাবু স্ক্রিপ্ট লিখতে হয়ে যান লেজে গোবরে
রাখতে হবে রাণীর মান সন্ধ্যের আসরে।
হবে খেলা হচ্ছে খেলা দেখছি খেলা নীরবে
দর্শক হয়েই থাকি আমরা চলুক খেলা এইভাবে।

আমার একটা "ও" চাই

আমার না একটা "ও" চাই —
"ও" যে হবে একান্তই আমার নিজের;
আমার হৃদয়ের।
যে একটি দিন আমার দেখা না পেলে
ছটফট করতে থাকবে; হাঁপিয়ে উঠবে।
একটি দিন দেখতে না পেলে যে
ফোন করে করে আমায় পাগল করে মারবে;
ফোন না তুললে সোজা অফিসে ঢুকে সবার সামনে
আমাকে ধমক দিয়ে বলবে হচ্ছে টা কি? ইয়ার্কি?
আমার এরকম একটা "ও" চাই —
যে আমার অসুস্থতার কথা শুনলে সব ফেলে
ছুটে আসবে আমার বাড়ীতে।
সবকিছু ভুলে গিয়ে ঠায় বসে থাকবে
আমার মাথার কাছে।
খাওয়া নাওয়া বাড়ীঘর সব যাবে ভুলে;
আমার সেবা করে আমায় সুস্থ করে তুলতে।
এরকম একটা "ও" আমার চাই —
অফিসের কাজে বাইরে যাবার সময়
অসুস্থ মার কথা ভাবতে থাকলে যে বলবে —
তুই যা তো! আমি নেই বুঝি? আমার উপর
ভরসা নেই?
যে চলে আসবে বাড়ী থেকে মার সাথে
থাকবে বলে; মার সেবা যত্ন করবে বলে।
আমিও যার উপর ভরসা করে মাকে বলতে পারবো—
ও থাকলো মা, কোনো চিন্তা নেই তোমার।

আমার না ঠিক এরকম একটা "ও" চাই —
যে আমার কথায় নেমে পড়বে
আমাদের বাড়ীর পেছনে ডোবায়
এক কোমর জলে কিচ্ছুটি না ভেবে,
শুধু আমার কথায় আমার সাথে হাতে হাত মিলিয়ে
জল ছেঁকে মাছ ধরবে বলে।
আমার এমন একটা "ও" চাই —
যে অফিসে না গিয়ে চলে আসবে
আমার বাড়ীতে আমার ডাকে,
সারাদিন আমার সাথে
বৃষ্টিতে স্নান করবে বলে।
আমার এরকম একটা "ও" চাই —
যাকে আমি নির্দ্বিধায় বলতে পারবো
আমার মাথাটা খুব ব্যাথা করছে রে,
একটু টিপে দিবি? শুনে যে বলবে আমায়
অজুহাত কিসের? কি চাইছিস সেটা কি
আমি বুঝি না?
আমার এমন ই একটা "ও" চাই —
যে আমার তৃষ্ণা মেটাতে
মরুভূমির দূর দূরান্তে ও ছুটবে
কলসী কাঁখে আমার জন্য জল আনতে।
হ্যাঁ আমি এরকম একটা "ও" চাই—
যে জানবে আমার বদ অভ্যেসগুলো,
যে জানবে আমার অতীতের কালো দিনগুলো,
যে জানবে আমার অতীতের প্রেম, শারীরিক সম্পর্ক
তবু সে যাবে না আমাকে ছেড়ে।
আমায় ভালোবেসে—
আমার ঠিক এরকমই একটা "ও" চাই—

অবুঝ প্রেম

কিরে চলে গেলি আমাকে ছেড়ে
একেবারে?
একটুও জাগলো না তোর বিবেক,
কাঁদলো না তোর মন একবারও
আমার তরে?
একবারও পড়লো না তোর মনে
কোনও ক্ষণে?
কতোটা বেসেছিলাম তোকে ভালো সে
আমার মন জানে।
কতোটা নিয়েছিলি নিংড়ে আমাকে
সব ভুললি?
ঠুনকো অজুহাত দেখিয়ে আমায়
ছেড়ে গেলি!
অজুহাত তো অনেক ছিল না গিয়ে
থেকে যাবার।
তুই আসলে গিয়েছিলি সব পেয়ে যা কিছু
ছিল পাবার।
আর নিশ্চয় রাখিস নি তুই
আমায় মনে!
আমার কিন্তু মনে পড়ে তোর কথা
প্রতি ক্ষণে।

আমার না তোকে খুব দেখতে
ইচ্ছে করে রে,
তোকে একটু ছুঁতে, জড়িয়ে ধরে আদর করতে
ইচ্ছে করে।
তোর কপালে, গালে, চিবুকে ইচ্ছে করে
ভালোবাসার চিহ্ন এঁকে দিতে।
আমি যে কিছুতেই পারি না রে
তোকে ভুলে থাকতে।
আমি কি করি তুই জানিস! শুনবি

সেই কথা?
তোর ছবিকেই জড়িয়ে ধরে হাল্কা করি
বুকের ব্যাথা।
হোয়াটসঅ্যাপ আর মেসেঞ্জার খুলে পড়ি
তোর পাঠানো মেসেজগুলো,
সেগুলো আছে থাকবে আমার অন্তরে
কোনোদিন জমবে না তাতে ধুলো।
তোর দেওয়া জন্মদিনের পোশাক গুলো
গায়ে জড়িয়ে,
দেখতে থাকি নিজেকে অনাবিল আনন্দে
আয়নার সামনে দাঁড়িয়ে।

তোর কথা মনে পড়লেই যাই ছুটে যাই
বাঁধের পরে,
কিছুতেই পারি না তখন বেঁধে রাখতে
মনকে ঘরে।
একলা একলাই থাকি বসে চুপটি করে ঠোঙ্গা ভর্তি
বাদাম নিয়ে,
মিছে জেনেও বসে থাকি তোর আশাতে
হত্যে দিয়ে।
নয়তো যাই ছুটে যাই কোর্টের সেই
বটগাছটার তলায়,
যেখানে বসে তোর দুই হাত দিয়ে জড়িয়ে ধরতিস
 আমার গলায়।
তোর প্রতীক্ষায় বসে আছি থাকবো বসে
সারা জীবন,
একটিবার ও পাই যদি তোর দেখা
আনন্দাশ্রু ভরাবে নয়ন।
প্রতীক্ষাগুলোও আমার বলছে এসে ফিসফিসিয়ে
কানে কানে,
আর একটু ধৈর্য্য ধরো আমরাও আছি
তোমার সনে।

শ্মশানের ভীড়ে

দেখতে কি পাচ্ছো কারা বসে আছে
শ্মশানের ভীড়ে?
ভালো করে চেয়ে দেখ
দলে দলে বিভক্ত তরুণ তরুণীরা
এসেছে শ্মশানে সব কাতারে কাতারে।

বুঝতে কি পারছো তারা আসে নি পোড়াতে
কোনো মৃতদেহ?
আছে তাদের মধ্যে বুকফাটা কান্না, আছে হাহাকার
আছে শোকার্ত চীৎকার তবু চেয়ে দেখ
পাবে না দেখতে লাশের কোনো চিহ্ন।

তবু চুল্লির লাইনে আছে দাঁড়িয়ে ওরা
নিয়ম মেনে সারিবদ্ধভাবে।
চেয়ে দেখ ভালো করে
একে একে তুলছে ওরা চুল্লিতে
ওদের ভবিষ্যতকে, ওদের স্বপ্নকে।

ধর্ম ও কর্ম

ফুটপাতে গিয়ে শুধাই ওদের
মানো না তোমরা ধর্ম?
বলে কাজ করলে জুটবে খাবার
বাবু ধর্ম আমাদের হোলো কর্ম।

মন্দির, মসজিদ, গীর্জা
দেয় না কো আমাদের ভাত,
ভাত জুটবে ততোদিন ই
যতদিন শক্ত থাকবে দুই পা আর হাত।

ফুটপাতেই আমাদের বাসা
থাকে না সেখানে ভগবান, আল্লাহ, ঈশ্বর,
তোমরা থাক বাবু দালান বাড়ীতে
সেখানে থাকে ঠাকুরের ঘর।

রাতের বেলায় বাসায় ফিরে
আমাদের চাই একটু ভাতের গন্ধ,
ধর্ম দেয় না বাবু সেই গন্ধ
সেই গন্ধ দেয় আমাদের কর্ম।

নির্লজ্জ বহুরূপী

সেন দাদা আর সেন দিদি
দেখাই পাওয়া যায় না আজকাল,
দুজনেই কি শীতঘুমে
নাকি চোখের সমস্যায় নাজেহাল?

শ্রবণেন্দ্রিয়ও বয়স বাড়লে
ভীষণ ঝামেলা করে,
কিছুই তখন আসে না শ্রবণে
ঘটছে কি এই সংসারে।

সদ্যই গত হয়েছে শীত
নাক দুটি বোধহয় এখনও বন্ধ!
ঢুকছে না তাই নাকে আর
জীবন্ত মানুষের পোড়া গন্ধ।

চোখ কান গেছে তাই আর
যায় না দেখা কারও রক্তমাখা হাত,
যায় না আর শোনা কোনও
জ্বলন্ত শিশুর আর্তনাদ।

যায় না দেখা কোনোও মায়ের
খালি হয়ে যাওয়া কোল,
যায় না দেখা স্বামীহারা শোকে
কতো বিধবা হচ্ছে কেঁদে পাগোল।

একই অবস্থা হয়েছে সবার ই
গায়ক, কবি, অভিনেতা, চিত্রশিল্পী,
ভাড়ায় খাটা বিকিয়ে যাওয়া
এরা আসলে নির্লজ্জ বহুরূপী।

শিরদাঁড়া

শিরদাঁড়া তো আগেই দিয়েছি
তার কাছে বিক্রি করে,
মানুষ যতোই দিক গালি
ওসব গেছে সয়ে।

সোজা শিরদাঁড়ায় লাভ কি মোদের
ও কোন কাজেতে লাগে?
বিক্রি করে দিলে তাও
একটা পদ পাওয়ার আশা জাগে।

বিকিকিনির যুগে এখন
সবাই লাভের অঙ্ক কষে,
তাই আজ এই দল তো কাল ও দলে
তার কি প্রভাব জনমানসে?

আমাদের তো দিচ্ছ গালি
নিজেরা কর কি শুনি,
শুধুই আমাদের সমালোচনা
করেই চাও হতে গুণী।

তোমরা কয়জন হও সামিল
সংগঠিত প্রতিবাদে?
থাকতে চাও তো যোজন দূরে
প্রতিবাদী লেখার থেকে।

লুকিয়ে লুকিয়ে পেছন থেকে
অনেক কথাই যায় বলা,
সামনে থেকে বুক বাজিয়ে
কয়জন পারো তুলতে গলা?

উল্টোপাল্টা

আমরা চলবো আমাদের পথে
তোমরাও করবে শুধু সমালোচনা,
শিড়দাঁড়া নয় তোমাদের ও সোজা
তাই অবস্থা কিছুই বদলাবে না।

পরজীবী

ছিলাম আমরা প্রতিবাদী
দশক দেড়েক আগে,
থাকতাম আমরা অন্যায়ের বিরুদ্ধে
মিছিলের পুরোভাগে।

করতাম আমরা বিক্ষোভ জমায়েত
এ্যাকাডেমীর বুকে,
সামিল হতাম পদযাত্রায়
কালো কাপড়ে মুখ ঢেকে।

দিতাম এমন বিবৃতি সবাই
প্রশাসন উঠতো কেঁপে,
আজ জ্যান্ত মানুষ পুড়লে পড়েও
পোড়া গন্ধ ঢোকে না নাকে।

অন্যায় দেখলে ছুটে যেতাম
তখন বাজারে, হাটে, ঘাটে,
আজ বিবৃতি চাইলে পালিয়ে বেড়াই
মুখটি ঢেকে দুইহাতে।

সন্ধ্যেবেলায় হাঁটতাম আমরা
জ্বলন্ত মোমবাতি নিয়ে,
আজ ঘরের মধ্যে লুকিয়ে থাকি
দুয়ারে খিল দিয়ে।

মাথায় তুলে নাচতো জনতা
বলতো আমাদের বুদ্ধিজীবী,
আজকে তারা বুঝেছে সঠিক
আমরা বুদ্ধিজীবী নয় পরজীবী!!!

হত্যালীলা

হত্যালীলায় মেতেছে সব
আদিম উল্লাসে,
রক্তখেকো হাঙ্গরের দল
বারে বারে ফিরে আসে।

মানুষ হাঙ্গরের সহাবস্থান
চলছে আজ প্রতিনিয়ত,
সুযোগ পেলেই হাঙ্গরের দল
ছিনায় প্রাণ অনবরত।

প্রশাসন আজ হয়েছে দুর্বল
হাঙ্গরের দলের কাছে,
চায় না করতে আইন প্রয়োগ
নিজেরা ডোবে পাছে।

প্রতিবাদে আজ হয়ে সোচ্চার
খোলে না আর কেউ মুখ,
যারা কোরতো আগে প্রতিবাদ

উল্টাপাল্টা
পেয়েছে এখন চুপ থাকাতেই সুখ।

লেখক কবিদের কলমের কালি
হয়তো গিয়েছে শুকিয়ে,
হয়তো বা কেউ রেখেছে তাতে
সুগন্ধী কন্ডোম পরিয়ে।

রাজপথে আর যায় না দেখা
মোমবাতির মিছিল,
বোধহয় এখন সব বাজারেই
মোমবাতি হয়েছে অমিল।

এ্যাকাডেমি আজ নিভৃতে কাঁদে
তারও মনে খেদ,
হত্যালীলা চললেও আজকাল
হয় না সেখানে কোনোই জমায়েত।

আছে সবাই খোশমেজাজে
দানের থালি পেয়ে,
রাজি নয় কেউ ঘামাতে মাথা
এসব ভাবনা নিয়ে।

মানুষের ও কি হচ্ছে বিবর্তন
মানুষ থেকে হাঙরে?
গোটা সমাজটাই দাঁড়িয়ে আজ
খাদের একদম কিনারে।

সামাজিক দায়

কবিদের কলমে জন্ম নেয় কাব্য
ফুটে ওঠে প্রেম ভালোবাসার কথা,
উঠুক ফুটে কবিদের লেখায়
বৃদ্ধাশ্রমে থাকা মা বাবাদের ব্যথা।

তুলে ধরেন কবিরা তাঁদের লেখায়
নানাভাবে প্রকৃতির দান,
লিখুন কবিরা সবাই মিলে
আর্ত নিপীড়িতদের নিয়ে গান।

ফুটপাতে যাদের হয়েছে জন্ম
কেটেছে শৈশব ফুটপাতে,
পৃথিবীতে তাদের না পাওয়ার কথা
উঠুক ফুটে কবিদের কবিতাতে।

মাথায় ইটের বোঝা যে রমণীর
পাশে দুধের শিশু মাটিতে ক্রন্দনরত,
গানে কবিতায় উঠুক ফুটে
তার জীবনের দুঃখ যত।

হাতে লাঠি ঘাড়ে ভিক্ষার ঝোলা
রাস্তায় প্রৌঢ় প্রৌঢ়ার আনাগোনা,
কবিরাই পারেন ফুটিয়ে তুলতে
তাদের জীবনের যত বেদনা।

অনাথ আশ্রমের অনাথ শিশুরা
হয় যখন বড়লোকের লালসার শিকার,
গর্জে উঠুক কবিদের কলম
ওই বড়লোকদের চেয়ে বিচার।

উল্টোপাল্টা

হাসপাতালের ডাস্টবিনে
পড়ে থাকে কতো সদ্যোজাত,
জন্ম দেওয়া বিষাক্ত কীটগুলোর
মুখোশ খুলুন কবিরা যত।

শিক্ষিত বেকারের সংখ্যা পাচ্ছে বৃদ্ধি
চাকরীর অভাবে শুধুই হাহাকার,
কবিদের কবিতায় উঠুক ফুটে
হতাশার কাহিনী এদের সবার।

ধর্ম নিয়ে হানাহানি, মারামারি
ধ্বংস করছে এই সমাজকে,
প্রতিবাদে গর্জে উঠুন
কবিরা সবাই কবিতাতে।

সুস্থ সমাজ গড়ার পেছনে
কবিদের ও আছে অনেক দায়,
প্রেম থাকুক, কাব্যও থাকুক
সমাজের কথাও থাকুক কবিতায়।

হোলি

আকাশ বাতাস মুখরিত আজ
কোকিলের কুহুতানে,
চারিদিকে খুশীর জোয়ার
বসন্তের আগমনে।

এসেছে ফাগুন লেগেছে আগুন
পলাশের ই লাল রং এ,
মর্ত্যের গোপিনীরা মেতেছে আজ
হোলি খেলায় কানাইদের সঙ্গে।

রাস্তাঘাট যায় না দেখা
আবীর দিয়েছে ঢেকে,
দলে দলে গোপি কানাইরা
বেরিয়েছে পথে মুখে রং মেখে।

দলে দলে দরজায় এসে
বলে গৃহিণী দরজা খোল,
রেখে দাও আজ বাড়ীর কাজ
খেলবো হোলি চল।

বাচ্চা বুড়ো সবাই পথে
দিনটাকে রাঙাবে আজ,
সাত রং দিয়ে ঢেকেছে মুখ
হাতে পিচকারি পরণে দোলের সাজ।

দল বেঁধে বেরিয়েছে সব
সঙ্গে ঢোলক মাদল,
গাইছে সবাই হোলির গান
ওরে গৃহবাসী, খোল দ্বার খোল।

এমন দিনে যায় কি থাকা
বাড়ীর ভেতরে বসে?
খেলবো হোলি রং মেখে গায়ে
প্রিয়ার সাথে রাস্তায় বেরিয়ে এসে।

বেরং হোলি

মাঝে মাঝে তুই সব ফেলে
কোথায় যাস চলে?
খেয়াল থাকে না আমার কথাও
একদমই যাস ভুলে।

আসিস না আমার লেখা পড়তে
আসিস না দেখতে আমার আঁকা ছবি,
তোর জন্যই তো শিল্পী হলাম
হলাম তো তোর কারণেই কবি।

হাঁ করে চেয়ে থাকি পথপানে
যদি তোর একটু দেখা পাই,
দেখা পেলেই বলে উঠবে মন
কাগজ কলম নিয়ে লিখতে বসে যাই।

ক্যানভাস পড়ে আছে অবহেলায়
নেই তাতে আজ রং তুলির টান,
তোর অভাবে সেও যেন আজ
বিষণ্নতায় হয়ে আছে ম্লান।

চারিদিকে আজ আনন্দে মাতোয়ারা সব
হোলির রঙে আজ সবাই করছে স্নান,
তোর অভাবে রং,তুলি,ক্যানভাস আর
কাগজ,কলমকে নিয়ে গাইছি আমি বিরহের গান।

আকাশ বাতাস আজ মুখরিত হোলির গানে
সবার শরীরে, মনে, প্রাণে আজ লেগেছে রং,
আর এমন দিনে আমাকে একলা ফেলে
আমার হোলিকে করলি তুই একেবারে বেরং।

নয়   ন ভরে দেখবো তোকে

কিরে যাবি আমার সাথে
নদীর ধারে বাঁধের ওপর?
চল না একসাথে দুজনে মিলে
মাছের খেলা দেখবো জলের ভিতর।

দুজনে মিলে যাবি আজ
তালপুকুরের পাড়ে?
বাবুই পাখীর বাসা বানানো
শিখবো নিষ্ঠাভরে।

যাবি রে আমার সাথে
বাচ্চাদের খেলার মাঠে?
আমরা দুজনেও মাতবো খেলায়
মাঠের ঐ বাচ্চাগুলোর সাথে।

যাবি তুই আমার সাথে
শহরের কুমোর পাড়ায়?
একমনে দেখবো বসে
কি করে ওরা প্রতিমা বানায়।

উল্টোপাল্টা

চল না যাই দুজনে মিলে
বৃক্ষরোপণ হচ্ছে যেখানে,
আমরা দুজনেও হাত লাগাই
সবার সাথে বৃক্ষ রোপনে।

একসাথে যাই চল
হাইস্কুলের মাঠে সন্ধ্যেবেলায়,
লক্ষ্য করবো দুজনে মন দিয়ে
জোনাকিরা কি করে আলো জ্বালায়।

চল না যাই একসাথে
পশ্চিম পল্লীর মন্দিরে,
দুজনে মিলে করি আরতি
মায়ের সামনে ভক্তিভরে।

থাকিস যদি আমার সাথে
তুই সারাটি দিন ধরে,
দেখতে আমি পাব তোকে
আমার দুই নয়ন ভরে।

আপনজন

হৃদয় আছে যদিও তবু
হৃদয়ে নেই ভালোবাসার স্পর্শ,
মন আছে তবু
মনে আজ নেই কোন হর্ষ।

স্বপ্ন দেখেছে সে অনেক
হোলো না সে সব পূরণ,
তার মনে হয় সে আছে বেঁচে তবে
সঙ্গী শুধুই তার অভিশপ্ত জীবন।

বয়ে চলেছে সে এই জীবনে
অনেক না পাওয়ার ব্যথা,
লিখে যাবে সে গানে কবিতায়
তার হৃদয় জুড়ে কান্নার কথা।

ছুঁড়ে ফেলছে সে এক এক করে
তার অপূর্ণ ইচ্ছেগুলো,
জরাজীর্ণ, ভগ্নদশা করেছিল গ্রাস
জমেছিল সেগুলোর ওপর মোটা পুরু ধুলো।

স্বপ্নগুলোতে দিয়েছে আগুন
নিজের হাতেই ধুনুচি তে ভরে,
সেই ধুনুচি নিয়ে করে আরতি
ভক্তিভরে মায়ের মন্দিরে।

হৃদয় জুড়ে ছিল কতো আশা
সব দিয়েছে নদীতে ভাসিয়ে,
অশ্রু গেছে শুকিয়ে সব
দেয় না দেখা চোখকে ভিজিয়ে।

উল্টোপাল্টা

যন্ত্রণা গুলো আছে তার সাথে
দেয় নি সেগুলো বিসর্জন,
একমাত্র সেগুলোই এখন
তার জীবনের বড়ই আপনজন।

হারায়ে খুঁজি

কোথায় গেলে পাব আজ একটুখানি সুখ?
বহুদিন যাবৎ চলেছি খুঁজে
তবু পাই না দেখতে সুখের মুখ।

কোথায় গেলে পাব আমি একটুখানি শান্তি?
শান্তি বলে ভাবছি যাকে
সে তো আসলে শান্তি নয় আমার মনের ভ্রান্তি।

কোথায় গেলে পাওয়া যাবে একটু ভালোবাসা?
খুঁজে চলেছি বহুদিন যাবৎ কিন্তু
না পেয়ে মনকে করছে গ্রাস শুধুই হতাশা।

কোথায় গেলে পেতে পারি একটু সহানুভূতি?
যেদিকে তাকাই দেখি স্বার্থপরের দল
হারাতে বসেছে সবাই এসব অনুভূতি।

কোথায় গেলে পাব দেখতে সহমর্মিতা?
মানুষ ব্যস্ত নিজেকে নিয়ে
অন্যের পাশে আজ আর কেউই দাঁড়ায় না।

উল্টোপাল্টা

কোথায় গেলে পাব দেখতে ভ্রাতৃত্বের বন্ধন?
কবিতায় গল্পে পড়েছি বটে
বাস্তবে নেই তার কোনোই প্রতিফলন।

কোথায় গেলে পাওয়া যাবে সম্প্রীতির পরিবেশ?
দলাদলি আর হানাহানি তে ব্যস্ত আজ সবাই
মানুষের মনে রয়েছে শুধু হিংসা আর বিদ্বেষ।

কোথাও আর নেই আজ এ সবের খোঁজ
তবু উদাস মনে আমি খুঁজে বেড়াই রোজ।

একটু ভালোবাসার খোঁজে

আমি আকাশের কাছে গেলাম
একটু ভালোবাসা চাইবো বলে,
আকাশ আমার দিকে চেয়ে দেখে
দুয়ার থেকেই ফিরিয়ে দিলে।

আমি বাতাসের কানে কানে বললাম
আমি তোমায় ভালোবাসি,
ফিক করে হেসে বাতাস বললে
রোজ এরকম কতো কার কাছে শুনে আসি।

আমি নদীতে ডুব দিয়ে বললাম
তোমার কাছে এলাম তোমার ভালোবাসা পেতে,
নদী বলে রোজ আসে কতো কে তোর মতো
আমি ভালোবাসবো কতো জনকে?

আমি পাহাড়ের কাছে গিয়ে মিনতি করলাম
একটু ভালোবাসো আমাকে,
পাহাড় বলে ভালোবাসতে পারি তোকে
যদি তুই আসতে পারিস আমার চূড়াতে।

আমি সাগরের কাছে গিয়ে শুধালাম
বিশাল হৃদয় তোমার পারবে মোরে ভালোবাসতে?
সাগর বলে আমার হৃদয় জুড়ে আছে যারা
তাদের সরিয়ে পারবো না ভালোবাসতে তোকে।

আমি হতাশ হয়ে বসে পড়লাম
মুখ গুঁজে মাটিতে,
চীৎকার করে জানতে চাইলাম
কার কাছে যাবো আমি একটু ভালোবাসা পেতে?

বিত্তশালী

মাফ করবেন আমরা না
যাই না সবার বাড়ী,
ঠাটবাট যদি না মেলে
তবে সেই বাড়ীর সামনে দাঁড়ায় না আমাদের গাড়ী।

আসলে আমরা হলাম হাই স্ট্যাটাসের
বাড়ীতে ছয় ছয়টা গাড়ী,
শহর কলকাতা সহ সারা দেশেই
রয়েছে আমাদের প্রচুর বাড়ী।

উল্টোপাল্টা

আয়া, বেয়ারা আর মালি মিলে
আছে জনা কুড়ি,
আমাদের বাড়ীর কমপ্লেক্সেই ওদের
থাকার জন্য আছে লম্বা দুই ঘরের বাড়ী।

চাকর বাকর, অতিথি আর বাড়ীর লোক
এই নিয়ে রোজ জনা চল্লিশেক খায়,
জনা দশেকের খাবার তো
প্রায় রোজই ফেলা যায়।

ভাবছি এবার কিনবো একখানা
বাংলো লান্ডন আর স্টেটস এ,
চলে যাব মাঝেমধ্যেই
ওদের দেশে ছুটি কাটাতে।

ইন্ডিয়াতে থাকতে থাকতে না
একঘেয়েমি এসে যায়,
আর বালুরঘাটে তো ওরে বাবা
একটু ইংরেজী বললে সবাই লেজ তুলে পালায়।

শপিং মল সিনেমা হল
যেখানেই যাই না কেন,
ইংলিশ বললে চোখ বড় করে
মনে হয় কোনোদিন শোনে নি যেন।

ওদের দেশে সেলস্ গার্লরা
ভীষণ ভীষণ স্মার্ট,
কাস্টমারদের সাথে ওদের কথাবার্তা
সেটাও একটা আর্ট।

বালুরঘাটে আর কতোদিন
থাকতে পারবো কে জানে!
আমরা হলাম একটু হাই স্ট্যাটাসের
আজকাল আর পোষাচ্ছে না এইখানে।

পার্বতী রাত্রি

শিবরাত্রির মতোই একটা
আমি পার্বতী রাত্রি চাই।
শিবের মতো বরের আশায়
মেয়েরা করে শিবরাত্রি পালন,
বউ চাইবো আমিও পার্বতীর মতো
তাই পার্বতী রাত্রির হোক আয়োজন।

ছাই মাখা আর ছাইপাশ খাওয়া
শিব ই মেয়েদের যথার্থ পুরুষ।
তাই শিবের মতো বর পেতে
শিবরাত্রির রাতে শিবের মাথায় ঢালে জল,
আর বাড়ীর শিব একটু হুইস্কি খেলে
পাড়ার লোকও টের পেয়ে যায় বাড়ীর কোলাহল।

পার্বতী তো ভীষণ সুখী ওই
ছাই মাখা আর ছাইপাশ খাওয়া শিবকে নিয়েই।
সে তো দেয় না মন অন্য শিবকে
প্রচন্ড ভালোবেসে শিবকেই করেছে আপন,
তার ভেতরে উপরে নেই ফারাক তাই পার্বতীর মতো বউ পেতে
চাই পার্বতী রাত্রি করতে পালন।

থাকবো সারাদিন পেট শুকিয়ে
মেয়েদের মতোই কিচ্ছুটি না খেয়ে।
দুই ঘটে দুধ আর জল নিয়ে
পার্বতী মন্দিরে পার্বতীর শরীরে ঢালবো তাই,
আর বউ আসবে পার্বতীর ন্যায় কন্যা
এই আশাতেই পার্বতী রাত্রি চাই।

ভয়ের গ্রাসে

মেরে ফেললো ওরা তোমাকে
তবু আমার গলায় নেই কোনো প্রতিবাদ
প্রতিবাদ করলে যদি আমারও একইরকম হয়!
ক্ষমা করো আনিশ
আমি পারছি না আমি পারবো না
আমাকে আষ্টেপৃষ্টে বেঁধে রেখেছে ভয়।

আমার শিরায় উপশিরায় ধমনীতে
বইছে ঠান্ডা রক্তের স্রোত
আমার পা থেকে পুরো শরীর কম্পমান।
সুঁচ সুতো দিয়ে আমার মুখ করেছি বন্ধ
নিজের অজান্তে আচমকাই যদি খুলে ফেলি মুখ
একই ঘটনা যদি আমার দিকেও হয় ধাবমান!

মেরে ফেললো ওরা তোমাকে
তবু আমার কলম হয়ে আছে নির্লিপ্ত
কলম আমার লেখে না কোনো শব্দ।
আমার কলম ও আজ শঙ্কিত, সন্ত্রস্ত
বাঁচার তাগিদে কলম ও ভাবছে
আঁচড় কেটে কি লাভ থাকি নিরাপদে নিস্তব্ধ।

ক্ষমা করো আনিশ
আমি হারিয়েছি প্রতিবাদের ভাষা
আমায় গ্রাস করেছে ভয় শুধু ভয়
ভীষণ ভয়–

নক্ষত্র পতন

চলে গেলে তুমি
আর তো রহিলে না কাছে,
তবে তোমার গাওয়া হাজার গানের
সম্ভার আমার হৃদয়ে আছে।

আর তো কেউ পাবে না
কখনও তোমায় জলসাঘরে,
সবাইকে কাঁদিয়ে নিলে বিদায়
এ জগৎ থেকে চিরতরে।

আর তো তুমি সকাল দেখে
মিস্টি সকাল বলে উঠবে না হেঁকে,
আর তো কেউ ডাকবে না তোমায়
অলখে লুকায়ে থেকে।

পথ তোমার হয়ে গেল শেষ
হোলো না পৃথিবীটা স্বপ্নের দেশ,
নিলে বিদায় পৃথিবী থেকে
সংগীতে অঞ্জলী হোলো তোমার শেষ।

সন্ধ্যা মুখোপাধ্যায় হিসেবে তুমি
পেয়েছো জীবনে অনেক মান,
তোমার গানের এক অন্ধ ভক্ত
নতমস্তকে জানায় তোমায় প্রণাম।

কালো দিন

চোদ্দই ফেব্রুয়ারি দু হাজার উনিশ
বয়ে এনেছিল এক কালো দিন,
জঙ্গী আক্রমণে ভারত মায়ের
চল্লিশটি নির্ভিক সন্তান হয়েছিল প্রাণহীন।

অতিমারীর গ্রাসে দিশেহারা মোরা
কুড়ি একুশে ভুলেছি এ দিন,
না পারবো কোনোদিন শোধ দিতে
পুলওয়ামার শহীদদের ঋণ।

আজ আমরা পরম উচ্ছাসে
ভালোবাসার দিন কোরবো উদযাপন,
তারই মাঝে যেন না ভুলি আমরা
পুলওয়ামার শহীদদের করতে স্মরণ।

ভেসে ওঠে চোখের সামনে
সেই সে দিনের নৃশংস দৃশ্য,
মিনিট খানেক আজ থাকি নীরব
তাদের স্মরণে সরিয়ে মনের হর্ষ।

ডজন ডজন কিনবো গোলাপ
আজ ভালোবাসার দিন পালনে,
তারই মাঝে কিছু পাপড়ি গোলাপের
থাকুক পুলওয়ামার শহীদ স্মরণে।

বালাকোটে আমরা মেতেছি উল্লাসে
সে উল্লাস ছিল বাঁধ না মানা,
আজকের দিনটায় হৃদয়ে থাকুক
পুলওয়ামা শুধুই পুলওয়ামা।

ভ্যালেনটাইন ডে

ছাপ্পান্ন বছর করেছে পার
শুধায় এসে একগাল হেসে,
নেবে না কোনো মেয়ে আমার কাছে
যদি দিই একটি গোলাপ ভালোবেসে?

আজ তো দিন ভালোবাসার
আজ তো দিন প্রেমিক প্রেমিকার,
বয়স হয়েছে বলেই কি আমার
নেই অধিকার কাউকে ভালোবাসার ?

না হয় চুলে ধরেছে পাক
হয়েছে হাল্কা এটা ঠিক,
কিন্তু মনটা তো হয় নি বুড়ো
সে তো এখনও আছে রোমান্টিক।

এখনও রাস্তায় হাঁটতে গিয়ে
সুন্দরী মেয়ে নজরে এলে,
চোখাচোখি যায় শুরু হয়ে
হাঁটার কথা গিয়ে ভুলে।

ভালোবাসবো হৃদয় দিয়ে
মন হরণ কোরবো সবার,
সেই ইচ্ছাতেই তো থেকে গেলাম
বিয়ে না করে চিরকুমার।

আজও ঠিক বসবে বাইকে
এসে কোনো সুন্দরী মেয়ে,
এক বছর পরে এসেছে ঘুরে
আবার একটা ভ্যালেনটাইন ডে।

তোরা কে

তোরা কে রে?
কে রে তোরা?
সব ব্যাপারেই আসিস খবরদারি করতে?
কে তোরা???

আমি জামা পরবো না পাঞ্জাবি পরবো
সে তো আমার ব্যাপার!
প্যান্ট পরবো না লুঙ্গি না পায়জামা পরবো
সেও আমার ব্যাপার।
পায়ে জুতো না চটি পরবো
না খালি পায়ে থাকবো
অবশ্যই আমার ব্যাপার।
মাথায় টুপি দেব না পাগড়ী দেব
আমার ব্যাপার।
তোরা কে নাক গলানোর?
তোদের পছন্দমতো পরতে হবে?

আমি কি খাব আমার ব্যাপার।
রাঁধবো না হোটেল থেকে আনবো
আমার ব্যাপার।
প্রেম করবো কি করবো না
আমার ব্যাপার।
কোন রঙের পোশাক পরবো
আমার ব্যাপার।
নাম সংকীর্তন গাইবো কি গাইবো না
আমার ব্যাপার।
মন্দির মসজিদে যাব কি যাব না
আমাদের ব্যাপার।

উল্টাপাল্টা

তোরা কে ঠিক করে দেওয়ার?
কে হে তোরা? তোদের পছন্দমতো চলতে হবে
বলতে হবে?
তোদের কথামতো গাইতে হবে লিখতে হবে?
তোদের পছন্দের রং তুলি নিয়ে বসতে হবে?

তোরা কে????

কে আমি

কে আমি???
শুধু ভাবতেই থাকি।
না কোনো কেউকেটা,
না কোনো শিল্পী, কবি বা সাহিত্যিক;
আমি একজন অতি সাধারণ।

আমি পারি না কখনও মানুষের মনের
ছবি আঁকতে;
পারি না মানুষের মনকে ক্যামেরার
লেন্সে ধরতে।
আমি পারি না কবিতা হয়ে এসে
কারও একাকীত্ব দূর করতে;
পারি না আমি সঙ্গীত হয়ে এসে
কারও মনের ব্যথা, বেদনার প্রশমন ঘটাতে।
জীবনের গল্প হয়ে এসে পারি না
কারো সাথে সময় কাটাতে;

উল্টাপাল্টা

পারি না আমি ভূতের রাজার দেওয়া বর হয়ে
এসে কারও জীবনকে বদলে দিতে।
আমি বাতাস হয়ে এসে পারি না কারও
ফুসফুসের সতেজতা বাড়াতে;
আমি পারি না ছায়ার মতো কারও
হৃদয়কে ছুঁয়ে যেতে।

কে আমি???
না আমি সুরকার, না জাদুকর না কোনো কারীগর
আমি একজন অতি সাধারণ।

না পারি আমি কোকিলের কুহুতানের
স্বরলিপি লিখতে;
না পারি বাবুই পাখীর মতো
বাসা বানাতে।
পারি না আমি মৌটুসী পাখীর মতো
ফুলের মধু চুষতে;
না পারি নদীর বুকে সাগরের মতো
ঢেউ তুলতে।
আমি পারি না সূর্যের সাথে
বিজয়ার কোলাকুলি সারতে;
না পারি আমি অমাবস্যার রাতে
চাঁদে গিয়ে আলো জ্বালতে।
পারি না আমি ঝড়কে বন্ধু বানিয়ে
তার কাছে আমার ঠিকানা রাখতে;
না পারি ভ্যালেনটাইন ডে তে প্রেমিকাকে নিয়ে
হাত ধরাধরি করে শূণ্যে ভেসে থাকতে।

কে আমি???
না কোনো কেউকেটা;
আমি একজন অতি সাধারণ।

59

৩৭) লতা প্রণাম

চলে গেলে তুমি আচমকাই
নিঃশব্দে—
যাবার বেলায় পিছু থেকে পারলাম
না ডাক দিতে।
পারলাম না তোমায় ধরে রাখতে।
তোমার মন চাইলো আর তুমি হারিয়ে গেলে
তোমার গানের ই সাথে।
অনেক ভালোবাসা নিয়ে এসেছিলাম
আমরা সবাই তোমার জীবনে,
তোমার সাধ পূরণে। তোমার আশা পূরণে।
আমাকে শোনাতে আর তো গাইবে না তুমি,
বাজাবে না মঙ্গল শঙ্খ।
কেউ তো করে নি বারণ
তবু তুমি বন্ধ করলে গাওয়া।
তুমি চলতে চলতে থেমে গেলে।
তুমি বলতে বলতে বলা ভুলে গেলে।
চিতার আগুনে পুড়িয়েছি তোমার দেহ;
উড়েছে সাদা ছাইগুলো বাতাসে;
পোড়ে নি তোমার গাওয়া একটাও গান,
রয়ে গেছে সব আমাদের হৃদয়ে—
রয়ে গেছে এই আকাশে বাতাসে।
আর তো আসবে না কখনও
গাইতে আমাদের আসরে,
তবে রয়ে যাবে তুমি সারাজীবন ব্যাপি
আমার মনের কোণে।
চাঁদ সূর্য থাকবে যতদিন
থাকবে বেঁচে তোমার গান ও ততোদিন।
তোমার গানের আমি গুণমুগ্ধ এক শ্রোতা
নতমস্তকে জানাই প্রণাম
জানাই তোমাকে আমার অসীম শ্রদ্ধা।

যদি তুমি ফিরে আসো

আমি আকাশের বুকে হেঁটে বেড়াবো
তোমার দুখানি হাত ধরে
যদি তুমি ফিরে আসো।

আমি তোমার সাথে গল্প করবো
রোজ সন্ধ্যেবেলায় চাঁদের পাশে বসে
যদি তুমি ফিরে আসো।

আমি নদীর বুকে দাঁড়িয়ে
জড়িয়ে ধরবো তোমাকে দুহাতে
যদি তুমি ফিরে আসো।

আমি মরুভূমিতে চাষ আবাদ করবো
ফসল ফলাবো তুমি আমি মিলে
যদি তুমি ফিরে আসো।

আমি আন্টার্কটিকায় গিয়ে ঘর বসাবো
পেঙ্গুইন গুলোর সাথে তোমাকে নিয়ে
যদি তুমি ফিরে আসো।

আমি রোজ ব্যাঙ্গমার পিঠে চেপে
বেড়াতে যাব অনেক দূরে তোমাকে নিয়ে
যদি তুমি ফিরে আসো।

আমি ডলফিনের পিঠে চেপে যাব
তোমাকে নিয়ে মাঝ সমুদ্রে
যদি তুমি ফিরে আসো।

যদি তুমি ফিরে আসো–

বাঙ্গালীর কলঙ্ক

আমার এই মহান দেশের
প্রখ্যাত এক গায়ক তুমি,
তোমার গানের বরাবরই
ভীষণ ভক্ত আমি।

শ্রোতাদের কাছে ভীষণ প্রিয়
তোমার সুরেলা দরাজ গলা,
আমার ভীষণ প্রিয় তোমার গাওয়া
"তুমি সন্ধ্যার মেঘমালা"।

গানের আসর হলে পরেই
মন বলে "তোমাকে চাই",
তোমার গান না পেলে শুনতে
মনে হয় আসর বৃথাই।

সেই তোমাকেই আজ দেখছি
গাইছো বেসুরো গান,
সাংবাদিক হয়েও সাংবাদিককে
অন্যায়ভাবে করছো অপমান।

কৃতি বাঙ্গালী হিসেবে বাঙ্গালীর গর্ব
আজ এ কি তোমার হাল!
"এ তুমি কেমন তুমি"
বাঙ্গালীর মাকে জড়িয়ে পাড়ছো কদর্য গাল।

আজ তোমার এই কৃতকর্ম
করেছে বাঙ্গালীর মাথা হেঁট,
আমি আজ পাঠালাম তোমায়
তিরস্কার আর ধিক্কারের ভেট।

কবিতা

কবিতা———
তুমি এমন কেন?
এতো জটিলতা নিয়ে চল কেন তুমি?
তুমি কি পারো না একটু সহজ সরল হতে?
সহজ সরল মন নিয়ে চলতে?
যাতে আমার মতো সাধারণ মানুষ ও
পারে তোমায় একটু ছুঁতে? একটু ভালোবাসতে?
আমি তো কতোবার তোমায়
ভালোবাসতে চেয়েছি। তোমায় বুঝতে চেয়েছি।
তোমার সাথে একাত্ম হতে চেয়েছি।
কিন্তু তুমি কিছুতেই দাও না ধরা।
তুমি তো চল অনেক উচ্চতা বজায় রেখে
যে উচ্চতায় আমার মতো সহজ মানুষ
পারে না কখনও পৌঁছতেই।
হাঁ করে তাকিয়ে থাকি তাই।
আমার ভালোবাসার চেষ্টা বৃথা হয়ে যায়!
তোমাকে আমার বোঝার চেষ্টা বিফলেই যায়!
কবিতা প্লীজ! আমার আকুতি তোমার কাছে———
একটু সহজ সরল হও প্লীজ! একটু ধরা দাও!
আমার মতো সাধারণ মানুষের কাছেও।

বীর সেনানী

দেখিয়েছিলে তুমি স্বপ্ন অনেক
দিয়েছিলে স্বাধীনতার আশ্বাস,
স্বাধীনতা পেয়েছি কি না জানি না
ব্রিটিশরা গেছে চলে তবু
মানুষ পারে না নিতে এখনও
প্রাণভরে শ্বাস।

মানুষের অধিকার হয়েছে আজ খর্ব
বাঁচার অধিকার ও আজ আক্রান্ত
দরিদ্র হয়েছে হতদরিদ্র
দেশ উঠেছে নিলামে আর
দেশের সম্পদ হয়েছে
মুষ্টিমেয়র কুক্ষিগত।

আজি তোমার শুভ জন্মদিনে
তোমায় এনেছি স্মরণে
প্রতি বছরের ন্যায়,
মনে পড়ে মোদের এই দিনটিতেই
নিজ স্বার্থ করতে চরিতার্থ
তোমার সাথে হয়েছে কতো অন্যায়।

তবে হৃদয়ে আছো তুমি জনতার
যারা ভোলে না ভাষণে কোনো নেতার,
তারা জানে নেতা হয়েছে আজ সবাই
সে তো কৃতিত্ব এক নির্ভেজাল জননেতার
কিন্তু স্বপ্ন থেকে গেছে অপূরণীয় তোমার
তবু হৃদয়ে স্থান তোমার শুধু তোমার।

জানাই নতমস্তকে প্রণাম হে বীর সেনানী
তোমার জন্মদিনে নিবেদন এই ক্ষুদ্র শ্রদ্ধার্ঘ খানি।

ওগো বধূ সুন্দরী

ওগো বধূ সুন্দরী
তোমায় আমি মনে ধরি,
তুমিই যে জীবনের আমার
একমাত্র মহীয়সী নারী।

তুমি এসেছো তৃষ্ণা মেটানোর জল হয়ে
যখন আমি মরুভূমিতে,
তুমিই এসেছো আলোর সমাহার হয়ে
যখন জীবন আমার মিশমিশে কালো অন্ধকারেতে।

তুমি এসেছো ভেলা হয়ে
যখন মাঝ দরিয়ায় ডুবছি আমি,
তুমিই এসেছো জীবন সুধা হয়ে
যখন হতাশায় গলায় ঢেলেছি গরল আমি।

তুমি এসেছো আমার তূণীরের তীর হয়ে
যখন জীবন যুদ্ধে যুঝছি আমি,
তুমিই এসেছো রক্ষক হয়ে
যখন খাদের কিনারায় দাঁড়িয়ে আমি।

তুমি এসেছো সঙ্গীত হয়ে
যখন মানসিক অবসাদে ভুগছি আমি,
তুমিই এসেছো প্রেম হয়ে
যখন ভালোবেসে ঠকেছি আমি।

ওগো বধূ সুন্দরী
তোমায় আমি মনে ধরি।

জীবনের ক্যানভাস

নদী থেকে ওঠা সদ্যস্নাতা তুমি
জল ভরা কলসী কাঁখে,
সিক্ত বসনে নিতম্ব দুলিয়ে
হেঁটে চলেছো গ্রামের পথে।

মুগ্ধ নয়নে চেয়ে আছি আমি
উদ্ধতযৌবনা ওই নারীর পাণে,
মৃদু কম্পিত বারি সিক্ত ওষ্ঠদ্বয়
যেন জ্বালায় আগুন মনে প্রাণে।

নজর কাড়া রূপসী উপত্যকা
মনে জাগায় প্রেমের অভিপ্রায়,
ভাবতে থাকি একবার যদি
ভ্রমণের সুযোগ পেতাম সেথায়।

চোখ যায় তোমার কটিদেশে
হিল্লোল ওঠে সারা শরীর জুড়ে,
ইচ্ছে জাগে প্রেম নিবেদনের
ছুটে গিয়ে তোমাকে জড়িয়ে ধরে।

শিল্পীর হাতের তুলির স্পর্শে
এ যেন এক জীবন্ত ছবি,
ফুটিয়ে তুলতে নিজের কাব্যে
জীবনের ক্যানভাসে তাকিয়ে কবি।

যদি তুমি থাকতে সাথে

আমি পাহাড়ের সাথে
রোজ সন্ধ্যায় গল্প করতে যেতাম,
যদি তুমি থাকতে সাথে।

আমি নদীর ওপর দিয়ে
হাঁটতে যেতাম রোজ সকালে,
যদি তুমি থাকতে সাথে।

আমি সূর্যকে জড়িয়ে ধরতে যেতাম
আনন্দে আত্মহারা হয়ে,
যদি তুমি থাকতে সাথে।

আমি আকাশের তারাদের
শেষ করে দিতাম গুনে,
যদি তুমি থাকতে সাথে।

আমি চাঁদে গিয়ে
মুছে দিতাম চাঁদের কলঙ্ক,
যদি তুমি থাকতে সাথে।

আমি বৃষ্টি দেখলে
এক ছুটে বেরিয়ে পড়তাম ঘর থেকে,
যদি তুমি থাকতে সাথে।

আমি ক্লান্ত দুপুরে
সরষে ফুলের চাদরে বিশ্রাম নিতাম শুয়ে,
যদি তুমি থাকতে সাথে।

আমি রাবার গাছের পাতায়
লিখে ফেলতাম আমার জীবন কাহিনী,
যদি তুমি থাকতে সাথে।
যদি তুমি থাকতে সাথে---

লেন্সবন্দী

ক্ষেতের মাঝে পুকুরের পাড়ে
আমি একা বসে ঠায়,
আসতে যেতে গ্রামের লোক
অবাক হয়ে চায়।

কেউ কেউ আবার সঙ্কোচ কাটিয়ে
চীৎকার করে শুধায়,
ওহে দাদাভাই শহুরে বাবু
কি কাম আসে হেথায়?

কাছে এসে খানিক থমকে দাঁড়ায়
ক্যামেরা ঝোলানো দেখে গলায়,
বলে মালিক ভর দুপুরে ক্যামেরা লিয়ে
পুকুরের পাড়ে কিসের আশায়?

এখানে তো সব আসে বাবুরা
ছিপ ফেইলা মাছ ধরতে,
পোথোম দ্যাখলাম বাবু একখান
আইচে ক্যামেরা লিয়ে সবি তুলতে।

হাত নেড়ে তারে পাশে বসালাম
একটা সিগারেট দিলাম বাড়িয়ে,
নিজেরটা ধরিয়ে দেশলাই কাঠিটা
জ্বলন্তই দিলাম তাকে এগিয়ে।

বোঝালাম তাকে মাঠ ঘাটের ছবি
তোলাতে আমার কোনো আগ্রহই নাই,
মাছরাঙা এসে যেই তুলবে মাছ ঠোঁটে
সেই মুহূর্তকেই লেন্সবন্দী করতে আমি চাই।

সকাল থেকে বসে সেই আশাতেই
তিন ঘণ্টা করেছি পার,
অবাক হয়ে সে চাইলো হেসে
শেষে বিদায় নিল জানিয়ে নমস্কার।

অবশেষে পেলাম তোমায়

তোমাকে না পাওয়ায় গেলাম
আকাশের সাথে কথা বলবো বলে,
কোথা থেকে কে জানে
মেঘ এসে আকাশকে ঢেকে ফেললে।

মনে ব্যাথা পেয়ে ভাবলাম
মেঘের সাথেই গল্প করি তাহলে,
সে আশাও হোলো না পূরণ
ঝড় এসে সব লন্ডভন্ড করে দিলে।

ঝড় থামলে ভাবলাম যাই
গাছে বসা পাখীদের সাথে সময় কাটাই,
আমাকে দেখে পাখীরা উঠলো বলে
চল পালাই চল পালাই।

অবশেষে গেলাম আমার বাগানে
দেখি প্রজাপতির দল ব্যস্ত ফুলের মধু পানে,

উল্টোপাল্টা

যেই আমি গেলাম গল্প করতে ওদের সাথে
ওরাও সাথে সাথে ভঙ্গ দিল রণে।

যন্ত্রণায় ক্লিষ্ট হয়ে ভাবলাম যাই
একাকীত্বের সাথেই সময় কাটাই,
ঘরে এসে চোখ মেলে দেখি
বসে আছো তুমি ঘরের কোণে রাখা সোফাটায়।

তোমাকে না পেয়ে পেয়েছিলাম
মনে সে কি ভীষণ ব্যাথা!
তুমি যে আমার জীবনসঙ্গী
আমার প্রিয় কবিতা লেখার খাতা।

তোমাকে চাই

এক কাপ চায়ে আমি
তোমাকে চাই,
জীবনানন্দের কবিতায়
তোমাকে চাই।
আকাশের তারা গুনতে
তোমাকে চাই,
সমুদ্রের ঢেউ এর গর্জন শুনতে
আমি তোমাকে চাই।
পঁচিশে বৈশাখ কবিতা পাঠে
তোমাকে চাই,
দোলপূর্ণিমায় শান্তিনিকেতনে
তোমাকে চাই।
আমি জাকির হোসেনের তবলায়

তোমাকে চাই,
বিসমিল্লা খানের সানাইয়ে আমি
তোমাকে চাই।
আমি জ্যোৎস্না রাতে ছাদের উপর
তোমাকে চাই,
সদ্যস্নাতা সন্ধ্যায় আমি
তোমাকে চাই।
আমি নিমাই ভট্টাচার্য্যের মেমসাহেব রূপে
তোমাকে চাই,
আমি দেবদাসের চন্দ্রমুখির মতো
তোমাকে চাই।
আমার রং তুলির ক্যানভাসে
আমি তোমাকে চাই,
আমার কবিতা লেখার খাতায় আমি
তোমাকে চাই।
মাউন্ট এভারেস্টর শিখরে আমি
তোমাকে চাই,
মাঝ দরিয়ায় থৈ থৈ জলে
আমি তোমাকে চাই।
জীবনের শেষ দিন পর্যন্ত
আমি তোমাকে চাই,
শেষ মূহূর্তেও পাশে আমার
তোমাকেই চাই।

সান্তা দাদু

সান্তা দাদু সান্তা দাদু
রোজ কেন আসো না তুমি?
পঁচিশে ডিসেম্বর এলে পড়েই
তোমার আসার গল্প শুনি।

তুমি তো আসো পার্ক স্ট্রিটে
ঘুরে বেড়াও অভিজাত পাড়ায়,
আমরা ফুটপাতে বড় হওয়া বাচ্চাদের কাছে
রয়ে গেলে তুমি অধরাই।

সাজগোজ করা বাচ্চারাই শুধু
তোমার ভীষণ প্রিয়,
দাদু, ওদের সাথে আমাদের ও
একটু আদর ভালোবাসা দিও।

ওদের সাথেই হাত মেলাও
ওদের সাথেই ছবি তোলো,
একবার অন্তত ফুটপাতে এসে
আমাদের নিয়েও মোমবাতি জ্বালো।

না হয় দাদু কর এক কাজ
পঁচিশে ডিসেম্বর ওদেরই থাকো,
বছরের বাকী সময়টায়
রোজ তুমি আমাদের দেখ।

কেক চকোলেট চাই না মোদের
চাইবো না তা কোনোদিন,
সান্তা দাদু তোমার ঝোলায় করে
ভাত নিয়ে এসো প্রতিদিন।

পাগল

এক মাথা স্নান না করা চুল লোকটার
যেন নোংরার বাসা!
নোংরা জমে জট পাকিয়ে গেছে।
গায়ে পাতলা ফিনফিনে ছেঁড়া নোংরা একটা ফতুয়া
কোনোকালে হয়তো সেটা সাদা ছিল।
হাঁটু পর্যন্ত তাপ্পি মারা ময়লা একটা হাফপ্যান্ট
কতোকাল যে সেটা জলের স্পর্শ পায় নি কে জানে!
শরীরের অনাবৃত অংশে ময়লার স্তর;
কতদিন যে দাঁত মাজেনি, জল ছোঁয় নি চোখ!
গায়ে একটা ময়লা ফুটোফাটা কম্বল ঝোলানো
যেটা রাস্তা ঝাঁট দিতে দিতে চলেছে,
লোকটা হেঁটে চলেছে ফুটপাত দিয়ে।
কতগুলো ছেলেকে একসাথে দেখে হাত পাতলো।
ধোপদুরস্ত পোশাক পরা পিঠে স্কুলের ব্যাগ নেওয়া
ছেলেগুলো এড়িয়ে গেল।
বললো পাগল!

বাচ্চা ছেলেটা বাবার হাত ধরে যাচ্ছিল—
ফুটপাতে বসে সেই লোকটা তখন ব্যস্ত
ডাস্টবিনে ফেলে যাওয়া লোকের খাবারের
উচ্ছিষ্ট সংগ্রহ করে একখানে জমাতে।
বাচ্চাটা অবাক বিস্ময়ে হতবাক হয়ে
তাকিয়ে দেখে—
সেই খাবারগুলো লোকটা খাচ্ছে!
আরও হতবাক হয়ে দেখে একটা কুকুর ও—
লোকটার ওই জমানো খাবারগুলোয় মুখ দিচ্ছে।
বাচ্চাটা হাঁ করে দাঁড়িয়ে দেখতে থাকে।
বাচ্চাটার বাবা বলে পাগল!

আমি ভাবতে থাকি কে পাগল?
ওই লোকটা!!!

খুঁজে ফিরি

খুঁজে ফিরি ওদের
সকাল থেকে দুপুর
দু পুর গড়িয়ে বিকেল
বিকেল থেকে সন্ধ্যে
শেষে সন্ধ্যে থেকে রাত পর্যন্ত
কিন্তু কোথাও খুঁজে না পাই।

খুঁজি ওদের ঘরের কোণে
এঘর থেকে ওঘরে
আলমারির পোষাকগুলো উল্টে উল্টে
বড় বড় বাক্সগুলোর মধ্যে
ঘরের দেয়ালে ছাদের কার্নিশে
কিন্তু কোথাও খুঁজে না পাই।

খুঁজি ওদের বন্ধুর বাড়িতে গিয়ে
কলেজের ক্লাসরুমে ব্ল্যাকবোর্ডে
রাজনৈতিক নেতাদের ভাষণে
শিক্ষকদের প্রাইভেট টিউশনের ব্যাচে
প্রেমিক প্রেমিকার কথোপকথনে
কিন্তু তবু কোথাও খুঁজে না পাই।

আমার শব্দগুলোকে, আমার ভাষাকে
যা ছিল একান্তই আপন আমার।

জীবন সংগ্রাম

অঘ্রাণে শীতের রাতে
নিখাদ এক আড্ডাতে
বিতর্কে উঠেছে তুফান।

পানীয়ের গ্লাস হাতে
চিকেন কাবাব সাথে
আলোচনায় রাজনীতির ঘ্রাণ।

বয়স তিরিশের কোঠায়
পড়ালেখায় তুখোড় সবাই
নেই তার আর কোনোই দাম।

সারাদিন নেট ঘাঁটা
চাকরীর খবর খোঁজা
দিনের শেষে নিরাশ ম্রিয়মাণ।

এককালে মেনেছে তাকে হীরো
আজ হয়েছে সে বিগ জীরো
পরিস্কার হচ্ছে সবার অবস্থান।

বাছা বাছা বিশেষণে
বিঁধছে তাকে বাক্যবাণে
আজ সে মস্ত এক শয়তান।

রাত যত বাড়ে তত
পানীয় চুমুকের সাথে
জড়তার গ্রাসে বাক্যবাণ।

পানীয় নিঃশেষ শেষে
টলোমলো শরীরে এসে
সিগারেট মুখে সব করে প্রস্থান।

দেরীতে বিছানা ছাড়া
গোটা কতক টিউশন
চলছে এভাবেই জীবন সংগ্রাম।

ঈশ্বর প্রাপ্তি

মন্দিরে যাও মসজিদে যাও
যাও যতোই গীর্জায়,
ভগবান আল্লাহ ঈশ্বর
কেউই থাকেন না সেথায়।

নিয়ম করে সারলে পরেও
পূজো নামাজ প্রার্থনা,
ভগবান আল্লাহ ঈশ্বর
কাউকেই পাওয়া যাবে না।

তাঁরা থাকেন রাস্তাঘাটে
অভুক্ত দের সাথে,

উল্টোপাল্টা

তাঁদের যদি পেতে চাও
আহার জোগাও অভুক্তর পাতে।

দুঃস্থ দরিদ্র মানুষ যত
থাকেন ফুটপাতে,
তাঁদের সেবাতেই ঈশ্বর পাবে
ঈশ্বর থাকেন তাঁদের ই সাথে।

অন্ন জোগায় বছরভর
যারা তোমার আমার পাতে,
তাদের সাহায্যে বাড়াও হাত
যেন শুতে না হয় খালি পেটে।

নিষ্পাপ শিশুরা যতো আছে জগতে
অনাথ আশ্রম ই যাদের ঘর বাসস্থান,
মলিনতা থাকলেও শরীর জুড়ে
আপন ভাবো তাদের তারা ঈশ্বরের সন্তান।

ফেলে এসো পূজোর ডালা পূজোর সাজ
থাকুক পড়ে ঠাকুর ঘরে,
পেতে হলে ঈশ্বরের কৃপা
দেবালয় নয় নামতে হবে মাটির 'পরে।

নাস্তিক

ময়লা চুল, খালি গা খালি পা
নাক দিয়ে পোঁটা ঝরে,
নোংরা ছেঁড়া প্যান্ট পরে
ছেলেটি ঘুরছে দোরে দোরে।

দেখে বোঝা যায় খায় নি কদিন
পেট টা ঢুকেছে গর্তে,
করজোড়ে চায় একটু খাবার
জীবন যুদ্ধে বাঁচতে।

চাউনি করুণ অসহায় মুখ
জোটে না কারোরই করুণা,
ব্যস্ত সবাই পাড়া জুড়ে আজ
আছে যে আজ মা লক্ষ্মীর আরাধনা।

ব্যাগ ভরে ভরে আসছে বাজার
পাড়ার সব বাড়ি বাড়ি,
পুরোহিত মশাই লিখেছে ফর্দ
আসছে মিষ্টি, ফল ঝুড়ি ঝুড়ি।

কাছে ঘেঁষলেই দূর দূর করে
তাড়ায় সবাই দূরে,
পাছে কোনোভাবে ছোঁয়া লাগে তার
মায়ের পূজোর সম্ভারে।

পূজোর পরে অতিথিরা সব
আসবে প্রসাদ নিতে,
এ সবের মাঝে এ জঞ্জাল
এলো আজ কোথা হতে!

একটি বাচ্চা দূর হতে সব

দেখে বিস্ময়ের ঘোরে,
লাফ দিয়ে ছোটে ছেলেটির তরে
পূজোর ফল নিয়ে দুহাত ভরে।

চীৎকার করে রে রে করে ওঠে
ছেলেটির বাড়ীর সবাই,
ঈশ্বর মানে না এ কেমন ছেলে
এ যে নাস্তিক হায় হায়।

এ যে নাস্তিক হায় হায়!

বিশ্বাসের বিশ্বাসভঙ্গ

বিশ্বাসগুলো আজ রূপ বদলে
হয়ে উঠেছে অবিশ্বাসী,
বিশ্বাসভঙ্গ করে বিশ্বাসের মুখে
ঝিলিক দেয় বাঁকা হাসি।

গাছে ওঠে সখা আজ
বিশ্বাসের মই বেয়ে,
বিশ্বাসভঙ্গ ক'রে বিশ্বাস
হাসে মই টি টেনে নিয়ে।

বিপদগ্রস্ত সখা একেলা
অবাক হয়ে ভাবে,
বিশ্বাসের এই চেহারা দেখে
মনে একরাশ ঘৃণা জাগে।

বাস্তব চিত্র এটাই এখন
পুরো সমাজ জুড়ে,
ফায়দা তুলতেই ব্যস্ত সবাই
মানুষের বিশ্বাস বিসর্জন দিয়ে।

বন্দুক কাঁধে নামছে যারা
দেশ ও দশের স্বার্থে,
প্রয়োজন মিটলেই মুখ ফেরায় লোক
তাদের বিশ্বাস কে গেড়ে গর্তে।

বিশ্বাসভঙ্গ করে বিশ্বাস
যে কথাটি যায় ভুলে,
আর তো পাওয়া যাবে না ফিরে
যদি বিশ্বাস একবার যায় চলে।

যদি এমন হতো

যদি এমন হতো–
যা কিছু দেখছি
মনে থাকতো না
তার কোনো রেশ,
নিমেষেই যেতাম সব ভুলে
তবে হোতো বেশ।

যদি এমন হতো–
পছন্দ যেগুলি ছিল আমার
পারতাম দিয়ে আসতে
নদীতে বিসর্জন,
তবে হয়তো উপভোগ্য হোতো
অধমের এই জীবন।

যদি এমন হতো–
থাকতে পারতাম আমি
সব ব্যাপারেই চোখ বুঁজে
মতামত বিহীন হয়ে,
তাহলে হয়তো ঘটে চলা
সমস্ত কিছুই যেত সয়ে।

যদি এমন হতো–
অভিব্যক্তি গুলো আমার
আছে যতটুকু
হারিয়ে যেত সবকিছু,
তবে হয়তো অশান্তি গুলো
সব ছাড়তো আমার পিছু।

যদি এমন হতো–
দুঃখ যা কিছু
পেয়েছি এই জীবনে
নিতে পারতাম তাকে আপন করে,
তাহলে হয়তো অধমের এই
জীবনটাই যেত ঘুরে।

যদি এমন হতো–
ছুঁড়ে ফেলতে পারতাম তাকে
মন নামে আমার
আছে যে শয়তান,
তাহলে হয়তো পেয়ে যেতাম
জীবনের অনেক সমাধান।

যদি এমন হতো–––

বিশ্বাসের বিশ্বাসঘাতকতা

এতোদিন ধরে আমি বেঁচে আছি শুধু আমার
বিশ্বাস গুলোকে আঁকড়ে ধরে।
ওদেরকে আঁকড়ে ধরেই আমি
এগিয়ে চলেছি।
যেখানেই যাই আমি ওদেরকে আমার
সাথে নিয়ে যাই।
এক মুহূর্তও থাকি না আমি
ওদেরকে ছেড়ে।
একটা যেন গাঁটছড়া বাঁধা হয়ে গেছে আমার
ওদের সাথে।
আমি যেন ভরোসা করি ওদের উপর,
নির্ভর করি।
ওরাও মর্যাদা দিয়ে এসেছে আমার এই
ভরোসার——— নির্ভরতার———
কখনোই আমার বিশ্বাসগুলো বিশ্বাসভঙ্গ
করে নি আমার।
কিন্তু আজকাল কেমন যেন গোলমাল
ঠেকছে সব।
কেমন যেন ওলটপালট হয়ে যাচ্ছে
আমার বিশ্বাসগুলো।
ওরা যেন আর মর্যাদা দিচ্ছে না
আমার বিশ্বাসের।
আমার বিশ্বাসগুলো যেন বিশ্বাসঘাতকতা করে
ফেলছে আমার সাথে!
ছুঁড়ে ফেলতে ইচ্ছে করছে আমার সব
বিশ্বাসগুলোকে এই শেষ বয়সে এসে।
কিন্তু ভেতর থেকে কে যেন প্রাণপণে
আমাকে আটকাচ্ছে।
আমার বিবেক———
বলছে এতো তাড়া কিসের?

আর একটু অপেক্ষা কর,
ধৈর্য ধর আর একটু।
আমিও অপেক্ষা করছি; ধৈর্য ধরে আছি।
জানি না কতোদিন মেনে নিতে পারবো আমার
বিশ্বাসগুলোর এই বিশ্বাসঘাতকতা!
জানি না——— জানি না——— জানি না।

নপুংসক

রাস্তা দিয়ে হেঁটে যাচ্ছিলাম
হঠাৎ দেখি একটা ছেলেকে———
বেশ কয়েকজন মিলে
একটা ল্যাম্প পোস্টের সাথে
হাত দুটোকে পেছনে করে বেঁধে দিয়ে
বেশ উত্তম মধ্যম দিচ্ছে।
বেশ কিছু দর্শকও জমেছে সেখানে
যারা আবার ছেলেটাকে মারার জন্য
বেশ উৎসাহ যোগাচ্ছে।
রাস্তায় চলমান কেউ কেউ এসে আবার
কোনোকিছু জিজ্ঞেস না করেই কেউ
দুটো লাথি, কেউ তলপেটে একটা ঘুঁষি মেরে
তাদের পুরুষত্ব বা বীরত্বের নজির রাখছে।
কাছে গিয়ে জানতে পারলাম ছেলেটা চোর।
আরও ভালোভাবে বোঝার চেষ্টা করে জানলাম—
পাশের মিস্টির দোকানটা থেকে দুটো বাশি রুটি
সে চুরি করেছে মারের চোটে যে দুটি তখন মাটিতে
গড়াগড়ি খাচ্ছে।
একবার আকাশের দিকে মুখ তুলে চাইলাম।
বোধহয় তাকে একবার দেখতে চাইলাম যাকে

সবাই সর্বশক্তিমান বলে!
বোধহয় তাকে একবার বলতে চাইলাম———
এই তোমার বিচার!
বিচারের জন্য তুমি এই একটা চোর ধরে এনেছো!
আর কোনো চোর নেই তোমার নজরে? আমার
মহান দেশে?
তুমিও এতো ভয় পাও? তাদেরকে?
এই তুমি বিচারক? সবার পাপ পুণ্যের হিসাবরক্ষক?
আসলে তুমিও নপুংসক। হ্যাঁ তুমিও নপুংসক।

দুর্মূল্য বাজার

ওহে নবারুণ চললে কোথায়?
কতদিন পর তোমার সাথে দেখা!
তা এই বয়সে একলা বেরিয়েছো
রাস্তাঘাট নয়তো মোটেই ফাঁকা।

আরে দাদাভাই আছেন কেমন?
চরণ যুগল দিন এগিয়ে,
আজকাল আর বেরোই না তেমন
বাড়ীর ভেতরেই থাকি সিঁটিয়ে।

ছেলেটা কদিন বাইরে গেছে
অফিসের কি সব কাজ,
বহুদিন বাদে তাই যেতে হলো বাজারে
বাজারে গিয়ে তো আমার চক্ষু চড়কগাছ।

উল্টোপাল্টা

মাছ বাজারে গিয়ে শুধাই
কি দাম ভাই ইলিশ?
দাদা বলে কি না চোদ্দোশো টাকা কেজি!
ইলিশ নিলে আমার সব টাকা ফিনিশ।

যদি ভাবেন শাকাহারী হবেন
দাদা তারও তো উপায় নাই,
দাম শুধালুম মেথি আর বথুয়া শাকের
বলে দাদা কিলোতে একশো টাকা চাই।

মাথা ঘোরে আমার বনবন করে
এ কোথায় এলাম রে ভাই!
আমার যে আর আজকালকার
বাজার সম্পর্কে ধারণা নাই।

গুটি গুটি পায়ে কোনোরকমে
এগিয়ে গেলাম এক সবজি দোকানে,
বড়সড় বেশ দোকান একটি
হরেক রকম সবজির পশার সেখানে।

পেঁয়াজ কলি দেখে মন আনচান
বাড়িয়েছি হাতটা সেদিকে যেই,
দোকানদার ছেলেটি বলে ওঠে দাদু
দিয়ে দেব নিন কিলো মোটে দুইশো তেই।

দাদা হাতে খেলাম ইলেকট্রিক শক
তীব্র বেগে নিলাম ফিরিয়ে,
শীতের নতুন সবজি খুঁজে
দাম শুধাই কড়াইশুটির দিকে আঙুল দেখিয়ে।

দাদা মাথাটা গেল একদম ঘুরে
যখন দামটা কানে ঢুকলো,
ছেলেটা কেমন নির্লিপ্ত ভাবে
বলে উঠলো তিনশো টাকা কিলো।

উল্টাপাল্টা

সিম, টমেটো, শশা, গাজর
কেউ কারো থেকে যায় না কম,
উত্তর পাবেন কিলো একশোয়
যদি একবার দাম শুধান।

শেষে নিলাম শিশু ইলিশ
তাও পাঁচশো টাকা কিলো,
বুড়ো বুড়ি খাব শিশুর ই ঝোল
তাই সাথে নিলাম আলু, বেগুন আর মূলো।

অনেকদিন বাদে দেখা হয়ে
অনেক কথাই হলো,
ভালো থাকবেন দাদা চলি এবার
বেলা অনেক বয়ে গেল।

থেকো পাশে প্রিয়

যে দিন বুঁজবো আমি চোখ
থাকবে তো আমার পাশে?
রাখবে তো আমায় মনে?
জানি না কেন আজকাল
মনে জাগে এসব কথা বড়ই অকারণে।

আবার এসব কথাও আসে মনে
নই তো আমি রাজনীতিক,
নই কোনো অভিনেতা, লেখক বা কবি।
আমার মতো সাধারণ মানুষের কথা
সমাজ কি রাখবে মনে সব ই?

সমাজ তো রাখে মনে তাদের ই
হয়তো যাদের দেখে নি স্বচক্ষে কোনোদিন;
কিন্তু গগনচুম্বী তাদের নামডাক।
কেই বা চাইবে আমার মতো নগণ্য এক মানুষ
তাদের পাশে একটু হলেও স্থান পাক?

তবে কি আমি হারিয়ে যাব চোখ বুঁজলেই?
মুছে যাবে আমার নাম চিরতরে?
হারিয়ে যাব সবার মন থেকে?
কেউ ই কি আমায় রাখবে না আর মনে?
ভাবনা গুলো মাথায় এলেই মনটা কেঁদে ওঠে।

সমাজ মনে না রাখুক
ভুলে যাক আমায় চিরতরে;
তাতেও আঘাত লাগবে না এই প্রাণে।
শুধু তুমি থেকো প্রিয় আমার পাশে
রেখো আমায় আজীবন মনে।

অধার্মিকের ধর্ম

পড়েছি আমি পাঠ্য বইয়ে
অনেক অনেক ধর্মের নাম,
শুনেছি ধর্ম পালনের নামে
মানুষ কাড়ছে মানুষের প্রাণ।

এরাই আবার পূজিত হয়
ধর্মের ধ্বজাধারীদের কাছে,
ঘাতক হয়েও সমাজে তাদের
সম্মান, সংবর্ধনা সবই জোটে।

এই সমাজ ই মানবসমাজ
যুগ যুগ ধরে চলছে এগিয়ে,
সভ্য সমাজের প্রতীক হয়ে
শিক্ষা, সভ্যতাকে বিসর্জন দিয়ে।

কোনো ধর্মের ঈশ্বর ই তো
বলেন নি মানুষের প্রাণ নিতে,
ধর্ম পালনের নামে এভাবে
রক্তের খেলায় মেতে উঠতে।

ওরে পাষন্ড ওরে জল্লাদ
তোরা কখনোই ধার্মিক নয়,
তোদের স্বৈরতন্ত্র প্রতিষ্ঠার কারণে
সভ্য সমাজকে এভাবে দেখাস ভয়।

ধার্মিক নয় তোরা শত্রু সমাজের
মানুষে মানুষে গড়িস বিভেদ,
ওরে ঈশ্বর কখনোই চান না জানিস
এই হিংসা, বিদ্বেষ আর ভেদাভেদ।

ঈশ্বর কখনোই থাকেন না ওই
চার দেওয়ালের মধ্যে,
ঈশ্বর কখনোই থাকেন না জানিস
লুকিয়ে কোনো ধর্মগ্রন্থে।

ওরে পাপিষ্ঠ ওরে অধার্মিক
ধার্মিক যদি হতে চাস,
মন্দির, মসজিদ, গীর্জায় নয়
দুঃস্থ, অসহায়দের পাশে দাঁড়াস।

ঈশ্বরের দয়া যদি পেতেই হয়
অভুক্তের মুখে তুলে দে অন্ন,
মানুষকে অভুক্ত রেখে দিয়ে
পূজোপাঠে ঈশ্বর হন না প্রসন্ন।

ঈশ্বর বিরাজমান দুঃস্থদের মাঝেই
ঈশ্বরের অবস্থান ধুলায়,
পূজো আরাধনাতেও মিলবে না ঈশ্বর
দুঃস্থদের প্রতি অবহেলায়।

ধর্ম মেনে চলে তারা
যারা ধর্ম বলতে বোঝে কর্ম,
প্রকৃত ধার্মিক তো তারাই রে
যারা মানবতাকেই মানে ধর্ম।

ধর্ম নিয়ে করিস ব্যবসা
আখের গোছাস ওরে ঘৃণ্য,
ধর্মের আফিম খাইয়ে মানুষকে
করে চলেছিস নাগাড়ে অধর্ম।

দিন আসবে এমন একদিন
মানুষ তোদের আর পাবে না ভয়,
ধর্মের আফিমের নেশা কাটিয়ে
ঘটাবে প্রকৃত ধর্ম মানবতার জয়।

ফুলন দেবী

তোর কথা আজকাল
প্রায়ই মনে পড়ে জানিস?
কারণে অকারণে মাঝে মাঝেই
মনে পড়ে। সাথে সাথেই মনে
পড়ে যায় সব ছবির মতো।
মনটা ভীষণ খারাপ লাগে জানিস?
তবু ভাবি। চোখ বুঁজলেই দেখতে পাই কলেজে
তোর আর আমার প্রথম সাক্ষাতের ধাক্কাটা।
সেই উত্তমকুমার আর সুচিত্রা সেনের
স্টাইলের ধাক্কা। আমি কেমন থতমত
খেয়ে গেছিলাম? আর তুই? যেন সুচিত্রা
সেনকেই নকল করছিলি! কটমট দৃষ্টি!
পড়ে যাওয়া বই খাতাগুলো তুলে দিতে গেলাম;
কর্কশ স্বরে বলে উঠলি থাক থাক। অনেক হয়েছে।
দেখে চলতে পারেন না? এক্কেবারে ফুলন দেবী।
আমি তখন পালাতে পারলে বাঁচি। একে তো
মহিলা তারপর আবার ওরকম মেজাজ!
ভয় হচ্ছিল থাপ্পর টাপ্পর না মেরে দিস।
তবে এটাও ঠিক আমি কিন্তু তখনই
তোর প্রেমে পড়ে গিয়েছিলাম।
তারপর থেকে তোকে দেখলেই আমি
মেন রাস্তা থেকে নেমে মাঠের মধ্যে দিয়ে পালাতাম।
তুই ব্যাপারটা খুব উপভোগ করতিস
সেটা আমি ভালোই বুঝতাম। মাঝে মাঝে
আমাকে দেখিয়ে বন্ধুদের সাথে হাসাহাসি করতিস—
দেখতাম আর মনটা খুব খারাপ হোতো।
তারপর একদিন এক বন্ধুর সাথে
কথা বলতে বলতে যাচ্ছিলাম। আচমকা—

উল্টোপাল্টা

আবার ফুলন দেবীর মতো সামনে এসে
পথ আটকালি। আমার বন্ধুটিতো অমনি
সটকে গেল। তারপর গম্ভীর গলায় তোর প্রশ্ন—
বোবা নাকি? কথা বলতে পারিস না? কাল
কলেজ শেষ হলে কমন রুমের সামনে
দাঁড়িয়ে থাকবি। থাকবি তো? আমি মাথা
নেড়ে পালিয়ে বাঁচলাম। পরের দিন—
গেছিলাম কমন রুমের সামনে। বুকে
ধকধকানি নিয়ে। তুই হাসিমুখে এলি।
একদৃষ্টে কিছুক্ষণ তাকিয়ে থাকলি। তারপর—
হঠাৎ করে চমকে দিয়ে আমার হাতটা চেপে
ধরলি। হাসিমুখে বললি তোর ও আমাকে
ভালো লাগে। বুকের ধকধকানি যেন বেড়েই
চলছিল। তারপর কানের কাছে মুখ নিয়ে এসে—
ভালোবাসি তোকে বলে গালে একটা চুমু দিয়েই—
ছুটে চলে গেলি। তারপর শুরু হলো আমাদের
হাত ধরাধরি করে চলা। আমি তোকে ফুলন দেবী
বলেই ডাকতে শুরু করলাম আর তুই আমাকে
কেবলু। সুন্দর চলছিল সব কিছু। আমাদের
দুই বাড়িতেই সবাই রাজী ছিল। কারোরই
কোনো আপত্তি ছিল না আমাদের ব্যাপারে।
আমরা দুজনে আমাদের ভবিষ্যৎ নিয়ে
পরিকল্পনা করতাম। মানালি তে হানিমুন
করবো, দু বছর আনন্দ ফূর্তি কোরবো
তারপর নতুন অতিথির কথা ভাববো এরকম
কত কি!সব কিছুই হচ্ছে ঠিকঠাক কিন্তু———
একটা চাকরী জোগাড় হচ্ছে না। এদিকে
বেলা বয়ে যাচ্ছে বুঝতে পারছি। তোর
মা বাবার মনে উৎকন্ঠা! তুই তবুও বুঝিয়ে
সুঝিয়ে চলছিলি যে হবেই একটা না একটা কিছু।
একটু সময় লাগছে হয়তো। আস্তে আস্তে তোর
আর আমার মেলামেশা টা কমে আসছিল।
অবশেষে———
তোর দু লাইনের সেই সংক্ষিপ্ত চিঠিটা———
"প্রিয়, কেবলু, আর পারলাম না রে নিজেকে আটকে রাখতে।

উল্টোপাল্টা
ভালো থাকিস রে। তোর ফুলন দেবী।"
বুকের ভেতরটায় একটা মোচড় দিয়ে উঠলো।
চোখ ফেটে গাল বেয়ে গড়াতে লাগলো। সব
অন্ধকার দেখছিলাম। বেঁচে থাকার রসদটাই
যেন ফুরিয়ে গেল। তবু তোর স্মৃতিকে পুঁজি
করেই বাঁচতে চাইলাম। জানিস ফুলন? আমি–
আমি না– একটা চাকরী পেয়েছি। হ্যাঁ রে–
একটা মাল্টিন্যাশনাল কোম্পানিতে। সেই তো
হোলো রে– যদি কিছুদিন আগে হোতো!
জানিস? চাকরীটা পেলাম ঠিক ই তবে–
বিয়ে করতে আর ইচ্ছে করলো না রে।
তোকে ছাড়া অন্য কাউকে বিয়ে করতে হবে–
এটা ভাবতেই–
তোর ওই মিস্টি গলায় আদর করে আমাকে
কেবলু বলে ডাকা–
ভুলতে পারি না রে–
কানে খুব বাজে রে এখনও–
তুই নিশ্চয়ই খুব ভালো আছিস ফুলন?
তুই সুখী তো? কী জানি–
ভালো থাকিস ফুলন। আর কোনোদিন দেখা হয়তো–
এই জীবনে তো হোলো না। দেখি,
যদি পরের জন্মে–

এরই নাম প্রেম

কিগো রোজ রোজ দেখছি আজকাল তুমি
চ্যাট কোরছো কারও সাথে,
বলি জোটালে নাকি আর একটা
এই বয়সে এসে শেষে?

ছি ছি ছি বল কি গিন্নী
ভাবতে পারলে এই কথা?
বুকটা ভেঙ্গে গেল আমার
কি করে সইবো এই ব্যথা?

আ হা হা ভাবখানা দেখ
যেন সাধু পুরুষ আস্ত একটা!
কিছুই জানেন না বোঝেন না উনি
পারেন না উল্টে খেতে ভাজা মাছটা!

আমার সম্পর্কে তোমার মুখে
এগুলো কি সব কথা শুনি!
দ্বিতীয় নারীর দিকে দেখি নি কোনোদিন
গিন্নী, সারা হৃদয় জুড়ে শুধু তুমি।

ওওরে বাবা ওওরে বাবা
কতো মিষ্টি কথা শোনায় আমাকে!
আর আমার মুখ দেখে বেরোলে নাকি
পুরো দিনটাই তেনার খারাপ কাটে!

আরে ওসব কথা ধরে নাকি
গিন্নী তুমি পাগোল একটা!
ওগুলো কথা তো সবাই ই বলে
বউয়ের সাথে লাগলে ঝগড়া।

উল্টোপাল্টা

মুখের কথাই ধরলে গিন্নী
মনের ভেতর ঢুকলে না?
তিরিশ বছর একসাথে থেকেও
আমায় তুমি চিনলে না?

ওওহো, সেদিন সন্ধ্যায় বাজারে গিয়ে
হাঁ করে কার দিকে দেখছিলে?
আমি বোধহয় কিছুই বুঝি না
যে তুমি চ্যাটার্জীর বউটাকে গিলছিলে?

আরে গিন্নী তুমি তো দেখছি
নাক কাটাবে আমার,
আস্তে বল এসব কথা
লোকে শুনলে রাস্তাঘাটে ধরবে কলার জামার।

চল আজ দুজনে মিলে
সিনেমা দেখতে যাবো,
সিনেমা দেখার পরে ভালো
একটা রেস্টুরেন্টে বসে খাব।

ছাড়ো ছাড়ো ঢের হয়েছে
আর দিও না গ্যাস,
সারা জীবন তো দেখলাম অনেক
ভেবো না চলি মুখে পুরে ঘাস।

ছাড় গিন্নী ঝগড়া ঝাটি
হয়েছে আমার ঘাট,
চল কালকে সন্ধ্যায় তোমার শাড়ী কিনতে
যাব আগরওয়ালের বেনারসী হাট।

যাও যাও ধুয়ে এস হাতমুখ
চা আনছি তোমার,
বানিয়েছি আজ ফিস পকোড়া
ভালোবাসো খেতে হাতের আমার।

এসেছি গিন্নী হাতমুখ ধুয়ে
নিয়ে এস চা খাবার টেবিলে,
চা আর পকোড়া খাব একসাথে
তুমি আমি আজ দুজনে মিলে।

মুখের কথাটা কেড়ে নিয়ে
বলে ফেললে তুমি আমার,
ঝগড়া করতে যা কিছু বলি না
এটুকু জানি তুমি আমার আমি তোমার।

মনটা যখন ভীষণ খারাপ
কখনো হয় আমার,
মাথা পেতে শোয়ার জন্য
খুঁজি তো তখন বুকটা তোমার।

এসো তবে গিন্নী আজ
চা খাওয়া সেরে,
তুমি আমি গল্প করি
দুজনে দুজনকে জড়িয়ে।

হোম ডেলিভারী

সাতসকালে গিন্নী হাঁকে
ওঠো গো ঘুম থেকে,
মাছ, সবজি কিছুই নেই
বাজারে হবে যেতে।

উল্টাপাল্টা

সকালবেলায় ঠান্ডা ঠান্ডা
ভাব এসেছে চলে,
টয়লেট থেকে এসে সবে
ঢুকেছি চাদরের তলে।

এমন সময় গিন্নীর ডাক
ভালো লাগে কি উঠতে?
বলি ডাল ভাত ই খাব তবু
মন চায় না এখন বাজারে যেতে।

শুয়ে শুয়ে চিন্তা করি
ভরা শীতে কোরবো কি?
বাজার যাওয়াও কষ্ট
আবার পেটের ও তো চাই দানাপানি।

হঠাৎ করে মাথায় খেলে
একটি উপায় আছে,
যেতে হবে আজকে কোনো
হোম ডেলিভারী সংস্থার কাছে।

যেমন ভাবা তেমন ই কাজ
গেলাম চলে হোম ডেলিভারীর খোঁজে,
পেয়েও গেলাম ভালোই একটা
খাবার দেবে সে সারা শীতে।

কথাবার্তা পাকা করলাম
মনে গার্ডেন গার্ডেন ভাব,
শীতে আর ঘটবে না ঘুমের ব্যাঘাত
হোম ডেলিভারী জিন্দাবাদ।

ডিজিটাল বিজয়া

একটা সময় ছিল যখন
পাড়ার সব বন্ধুরা মিলে,
যেতাম পাড়ায় সবার বাড়ী
বিজয়া সারবো বলে।

সবার বাড়ীতেই বড়দের পায়ে
ছুঁয়ে করতাম প্রণাম,
বড়দের কাছেও মাথা ছুঁয়ে
প্রাণভরা আশীর্বাদ পেতাম।

ঘরেতে আমাদের বসতে বলে
সবার জন্য আলাদা প্লেটে,
কাকীমা জেঠিমারা আনতেন নাড়ু মোয়া
সেগুলো আমাদের হতো খেতে।

নাড়ু মোয়াই থাকতো না শুধু
থাকতো সাথে মিস্টি, নিমকি, বোঁদে, ঝুড়ি,
কয়েক বাড়ীতে এসব খেয়ে
ফুলে উঠতো সবার ভুঁড়ি।

রাস্তায় দেখা হলে পড়েও
পরিচিত জনের সাথে,
বিজয়ার প্রণাম ও কোলাকুলি
সারতাম দাঁড়িয়ে রাস্তার পাশে।

আজকাল তো ঢুকেছি আমরা
পুরোপুরি ডিজিটাল যুগে,
এসবের এখন বালাই নেই
বিজয়া সারি ডিজিটাল মোডে।

উল্টোপাল্টা

প্রতিমা নিরঞ্জন না হতেই
শুরু হয়ে যায় সকাল থেকে,
হোয়াটসঅ্যাপ এ শুভ বিজয়া
রকমারি মিষ্টির ছবি সহযোগে।

অথবা ফেসবুকে বড় হরফে
সবাইকে শুভেচ্ছা প্রণাম একসাথে,
ছোটদের ও আশীর্বাদ আর
মিষ্টির হাঁড়ির ছবি তাতে।

পা ছুঁয়ে প্রণাম আর মাথায় আশীর্বাদ
এসবের যুগ নেই তো আর,
এমনকি চিঠি লিখে বিজয়াও গেছে উঠে
এখন চল ডিজিটাল বিজয়ার।

জানোয়ার

বন্ধু গেছে বেড়াতে
ডুয়ার্সের জঙ্গলে,
শুধাই তাকে ফোনে
কোনো জংলী প্রাণীর দেখা পেলে?

বলে সকাল থেকে চষে বেড়ালাম
পুরো জঙ্গল ভাই,
কি আর বলি দুঃখের কথা
কোনো জংলী প্রাণীর দেখা নাই।

বলি পাখী টাখি যা পাচ্ছ ভায়া
দেখে নাও মনের সুখে,
আর প্রকৃতির অপরূপ দৃশ্য
মনের মধ্যে নাও গেঁথে।

জংলী প্রাণী না দেখার খেদ
রেখো না মনের মধ্যে,
তোমার চারিপাশে খুঁজলে অনেক
ধোপদূরস্ত জানোয়ার পাবে দেখতে।

সৃষ্টি

সকাল থেকেই ঝরে চলেছে
অবিরাম জোর বৃষ্টি,
তাকিয়ে তাকিয়ে দেখে চলেছি
প্রকৃতির এই অপরূপ সৃষ্টি।

দুদিন আগেই প্রকৃতির রোষে
ছিল তীব্র গরমে হাঁসফাঁস,
প্রকৃতি এখন বৃষ্টি দেওয়াতে
মানুষ নিচ্ছে সুখের স্বাস।

এরই মাঝে আজ ঘরে ঘরে
চলছে লক্ষ্মী প্রতিমার আরাধনা,
মহা সমারোহে ক্রটিহীন ভাবে
করছে সবাই মায়ের অর্চনা।

লক্ষ্মীমাতা ধনের দেবী
সে কারণেই তার বন্দনা,
ঘরের লক্ষ্মীর গর্ভে লক্ষ্মী
এলে পরেই শুরু গঞ্জনা।

ঘরের লক্ষ্মী হয় না আপন
হোক না সে আচারে মিষ্টি,
যুগ যুগ ধরে চলছে এ প্রথা
এ তো প্রকৃতির নয় সমাজের সৃষ্টি।

চাই আমি মনে প্রাণে, শয়নে জাগরণে
হারিয়ে যাক সমাজের এই ঘৃণ্য কৃষ্টি,
ঘরের লক্ষ্মীও হোক আপন
হোক সুন্দর এক নতুন সমাজ সৃষ্টি।

উল্টোপাল্টা